经济管理学术文库·经济类

民营企业信用违约风险评价模型比较研究

Comparative Study on Credit Default Risk Evaluation Models of Private Enterprises

孙素侠／著

经济管理出版社
ECONOMY & MANAGEMENT PUBLISHING HOUSE

图书在版编目（CIP）数据

民营企业信用违约风险评价模型比较研究/孙素侠著.—北京：经济管理出版社，2024.3

ISBN 978-7-5096-9644-6

Ⅰ.①民… Ⅱ.①孙… Ⅲ.①民营企业—信用评级—研究—中国 Ⅳ.①F832.4

中国国家版本馆 CIP 数据核字(2024)第 064674 号

组稿编辑：王 蕾
责任编辑：杨 雪
助理编辑：王 蕾
责任印制：许 艳
责任校对：蔡晓臻

出版发行：经济管理出版社
（北京市海淀区北蜂窝 8 号中雅大厦 A 座 11 层 100038）
网 址：www. E-mp. com. cn
电 话：(010) 51915602
印 刷：唐山昊达印刷有限公司
经 销：新华书店
开 本：720mm×1000mm/16
印 张：10.5
字 数：167 千字
版 次：2024 年 5 月第 1 版 2024 年 5 月第 1 次印刷
书 号：ISBN 978-7-5096-9644-6
定 价：98.00 元

前　言

在国内外经济环境复杂、不确定性显著增加以及国家产业结构调整的背景下，一些企业产出和盈利水平低下，偿债能力降低，导致企业信用违约事件发生。作为经济主体的民营企业，在促进经济发展方面发挥了重要作用，但其融资成本高和难度大的问题一直存在，若不及时解决此问题，民营企业信用违约事件将会不断扩展，不仅影响社会经济发展，还会产生新的社会管理问题。

金融服务机构是民营企业进行融资的主要渠道，民营企业信用状况是制约民营企业融资的瓶颈。建立一套筛选民营企业信用风险的动态评价体系和监测机制，对于探索影响民营企业信用违约的主要因素、分析民营企业信用违约风险的监测机制、提出民营企业信用违约风险的防范措施、提高民营企业融资能力、促进金融市场稳健发展具有十分重要的意义。

本书对我国民营上市企业信用违约风险评价及监测进行实证研究，建立了适用于民营企业信用违约风险的动态评价系统和监测机制。首先，本书构建了基于极限学习机原理的动态评价模型：第一，采用变异系数法和灰色关联度方法，从 52 个初选指标中选出 34 个有效指标，然后运用改进的 K 均值聚类算法对 34 个评价指标进行分类；第二，采用有序加权平均算子（OWA）组合多种赋权法，计算信用违约风险评价体系各级指标的权重；第三，对比不同极限学习机分类评价算法的优劣性，选择带有遗忘因子极限学习机的信用违约风险动态评价模型，用于判别民营企业信用违约风险。其次，本书深入细致地对民营企业信用违约风险评价进行了实证分析，并结合指标体系权重有针对性地提出监测分析和防范措施。最后，本书对所建立模型的应用范围及局限性从不同角度提出建议和对策。

本书基于极限学习机原理和模型对民营企业信用违约风险评价及监测进行研究，得出以下方法和结论：

第一，要评价民营企业的信用状况，首先获取书中民营企业指标体系中34个指标数值；其次进行数据标准化处理；再次根据各个三级指标的权重计算出对应的二级指标数值；最后把6个二级指标数值输入训练好的带遗忘因子的极限学习机模型中，根据输出的结果判断企业的信用违约状况。

第二，运用三种极限学习机评价模型，对186个民营企业的信用违约风险情况进行评估。带遗忘因子的极限学习机评价模型训练精度达到94.00%，测试精度达到91.67%，在对36个违约企业样本的信用状态进行评价时，仅有1个违约企业被判为非违约企业，判别准确率为97.22%，说明对违约企业样本的判别准确率更高，所以带遗忘因子的极限学习机企业信用违约风险评价模型具有更优的性能。

第三，综合分析得出民营企业信用违约风险主要与企业资产、销售利润、资金流动情况、企业固定资产质押、企业研发投入情况、企业发展趋势、领导者的管理能力以及企业所处的宏观环境等因素有关，金融机构和企业从影响企业信用的主要因素出发，对企业信用状况进行监测分析并采取针对性防范和控制措施，进而降低企业信用违约风险。

本书主要创新点：第一，构建了一套适用于民营企业的信用违约风险评价指标体系；第二，采用有序加权平均算子对多种赋权法得到的指标权重进行组合，得到各级指标的组合权重；第三，结合我国民营企业的发展特征和经营环境，构建了我国民营企业信用违约风险动态评价模型——带遗忘因子的极限学习机信用评价模型，从而有效提高了模型的灵活性、稳健性以及对不同数据集的适用性。

目　录

第一章　绪论

第一节　选题背景与研究意义

一、选题背景

随着我国经济的快速发展，民营企业作为国民经济的重要组成部分，在促进经济增长、创新和技术进步方面发挥着举足轻重的作用。国家市场监督管理总局发布的数据显示，截至2023年8月底，民营企业在企业总量中的占比达到93.3%。2023年3月5日，习近平总书记在十四届全国人大二次会议江苏代表团审议时指出，要完善落实“两个毫不动摇”的体制机制，支持民营经济和民营企业发展壮大，激发各类经营主体的内生动力和创新活力。民营经济是推进中国式现代化的生力军，是高质量发展的重要基础，是推动我国全面建成社会主义现代化强国、实现第二个百年奋斗目标的重要力量。

然而，民营企业信用违约风险问题也日益引起人们的广泛关注。近年来，我国金融市场上发生的信用违约事件，尤其是民营企业信用违约事件，给投资者、金融机构以及政府监管部门带来了挑战。据联合资信统计，2023年我国债券市场新增5家违约发行人，共涉及违约债券17期，到期违约金额合计约183.35亿元；新增违约发行人家数、期数和规模较2022年（8家、45期、232.62亿元）均明显下降。违约企业以民营房地产开发企业（4家）为主。联合资信负责人表示，2023年，信用债违约边际改善，债券市场违约和展期的数量均有所下降，部分民营企业仍面临较大的经营风险和偿债压力，再次展期或发生实质性违约的风险仍然存在。

为何民营企业违约现象频发？分析认为，原因如下：

一是民营企业经济实力不强。经济实力的强弱决定了企业的市场竞争力和市场地位。民营企业的经济实力导致民营企业经营的稳定性和抵御风险的能力较差，长期持续经营的风险较高，使相关金融机构和投资者面临较高的借贷和投资风险。

二是财务制度不健全。民营企业大多属于股份制经营或家族经营，一些中小民营企业的财务报表不完善，财务数据不真实，导致其经营活动信息的透明度低，金融机构在贷款核查时很难对这类企业的偿债能力和经营状况进行客观评估。

三是内部治理结构不完善。不少民营企业的家族成员就是该企业的所有者和管理者，企业的管理属于家族式治理。家族式管理有利有弊：一方面，家族式管理企业信息沟通较方便，管理成本和监督成本低，决策效率也较高，有利于企业随时调整经营策略以应对外界的变化；另一方面，家族式管理可能影响企业决策的科学性，一些重大决策失误可能会给企业带来很大的经营风险。

基于以上现实基础，可见对民营企业信用违约风险评价研究具有重要的现实意义。首先，对于民营企业而言，准确的信用违约风险评价有助于企业自身识别潜在风险，制定合理的融资策略，提高资金使用效率，从而促进企业可持续发展。其次，对于金融机构而言，科学的信用违约风险评价有助于优化信贷结构，降低信贷风险，提高金融服务质量。最后，对于政府监管部门而言，深入研究民营企业信用违约风险，有助于完善信用体系建设，加强金融监管，维护金融市场稳定。

在国际上，企业信用违约风险评价研究已取得显著成果，许多国家建立了完善的信用评级体系，为金融市场参与者提供了有效的风险管理工具。然而，我国信用评级体系尚不完善，尤其是针对民营企业的信用评级存在一定程度的不足。因此，开展民营企业信用违约风险评价模型比较研究，有助于丰富我国信用评级体系，提高信用评级质量。

二、研究意义

民营企业健康有序的发展对国民经济至关重要。针对影响民营企业信用违约行为的成因进行分析，对信用违约风险进行监测，并对民营企业信用违约风险有效防控措施进行探讨，对我国经济健康稳定发展具有较强的理论意义和现实意义。

（一）理论意义

企业信用违约风险已经逐渐发展成威胁我国金融业的主要防范风险，使企业信用违约风险成为当前主要的风险管理对象。自从 2014 年首起企业债券发生信用违约以来，此后每年新增违约案例总体呈现上升趋势，并有进入常态化的趋势。债券信用违约问题近几年才出现，我国学术研究领域相关研究成果并不多，尤其是对民营企业债券违约方面的研究文献更少，所以对民营企业债券违约进行分析可以填补我国民营企业信用违约风险研究的不足，能够充实我国债券信用违约的理论体系，推动金融市场信用违约风险管理理论的发展。选取最近几年民营企业信用违约案例作为研究对象，分析企业信用违约的关键影响因素，能够对金融机构、投资者及企业自身如何进行违约风险控制提出针对性的建议。

首先，增加了民营企业信用评级指标体系构建的方法。通过研究民营企业指标体系与信用违约行为之间的关系，确定了民营企业信用违约风险评级指标体系，从而建立民营企业信用评价模型。遴选能够显著区分违约与非违约企业的指标，在考虑指标相互影响的条件下，确保构成指标体系后指标仍能有效区分信用违约与非违约企业，具有重要的理论意义。

其次，从学术价值角度出发，目前对我国民营企业信用违约风险评价模型的研究文献很少，仅有的评价模型仅仅是针对国有大中型企业的研究，严重依赖财务指标且缺乏对民营企业经营环境的研究。由于民营企业的经营状况对于经营环境更加依赖，导致仅有的信用违约风险评价模型对民营企业适用性较差。通过研究设计了针对评价和监测民营企业信用违约的极限学习机模型，为后续的民营企业信用风险评价模型设计提供了新的研究思路，弥补了现有相关研究的缺失或片面性，丰富了我国民营企业信用风险评价模型研究成果。

最后，我国于 2014 年才出现实质性信用违约企业，出现信用违约的民营企业相对更少，导致用于建立民营企业信用违约风险评价模型的学习样本数据量相对较少，只能通过每年新增违约样本对信用违约模型进行改进。在每次获得新的数据样本后，基于批量数据重新建模不仅耗时还费力，且随着时间的推移，数据样本的可借鉴意义也降低。基于特定样本构建的评价模型不具有广泛的适用性，更新样本数据重新建模工作量较大。因此，为了提高原有信用评价模型对新企业的判别准确度，且避免重新建模的繁杂、耗时问题，对比离线、在线极限学习机，本书提出了带遗忘因子的极限学习机模型，解决了新增样本模型的有效性评价，使模型评价和预测精确度随着样本容量的增加越来越高。

（二）现实意义

我国债券市场信用违约的特征可以概括为违约常态化、规模严重化、民营企业重灾化、行业分散化。在信用违约事件不断出现的背景下，建立一套用于甄别民营企业信用违约的动态评价体系与监测机制，以实现对民营企业违约风险的动态监控、评估和监测，对民营企业信用风险给予客观评价，对投资者、企业、金融机构和政府各个层面的管理和发展均能起到较好的推动作用。作为投资者，可享受投资收益并降低投资风险；民营企业获得好的信用评级，不仅是一种企业荣誉，还能获得政府的优惠政策支持和金融服务机构的融资支持；作为金融机构，在拓展其金融业务时有据可凭，能有效降低自身经营风险；有利于政府部门制定发展民营经济的相关政策，更好地发展民营经济，以便激发民营企业活力，发挥民营企业的重要作用。

民营企业信用违约风险评价主要通过对企业经营活动的相关方面获取评价数据，再基于相关计量模型对获取的评价信息进行融合，得到民营企业当前的盈利能力及债务偿还能力，以评价企业信用违约的可能性。民营企业信用违约风险评价应该是一个持续的、动态的评价过程，且应具有提前监测功能，以实现对被评价企业违约行为的提前监测，便于投资者和金融服务机构提前做好风险预控措施，将投资者和金融服务机构的风险尽可能地降到最低。因此，企业信用违约风险评价体系也应该是一个持续的、动态的包含信息监控和获取过程、信息融合和评价过程、信用违约监测过程的完整系统。鉴于此，本书将从系统工程的角度出发，探讨并建立企业信用违约风险动态评价与监测系统，以便投资者和金融服务机构对其所关联的民营企业实现信用违约甄别。

第二节 研究思路与研究内容

一、研究思路

近几年学者对企业信用风险的研究比较集中，也从不同的方面提出了相应的风险评价方法，但是专门针对民营企业信用风险评价的研究成果并不多。本书借鉴国内外的历史研究资料，结合我国民营企业的特点，尝试构建一套适合我国民营企业信用违约风险评估和监测的研究方法。

本书建立的民营企业信用违约风险评价系统包括信用违约风险动态评价与信用监测系统，将由四个子系统构成，分别是信息获取系统、信息融合系统、信用评价系统、信息反馈控制系统。民营企业信用违约风险动态评价与监测系统结构如图 1-1 所示。

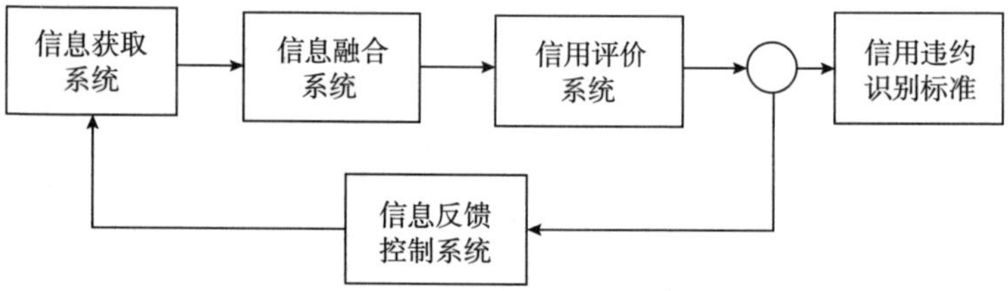

图 1-1　民营企业信用违约风险动态评价与监测系统结构

信息获取系统主要用于企业信用违约信息的数据收集与整理；信息融合系统则是针对所采集到的企业信用违约信息的历史数据，实现对信用违约的历史数据进行整理归纳，以便用于信息评价系统；信用评价系统一方面是对企业当前的信用违约信息的融合与评价，另一方面则是对模型评价结果进行分析，结合研究对象的特征进行分析，对研究对象实现监测；信息反馈控制系统则主要是政府、金融服务机构和投资者根据对企业信用违约的综合评价结果，有针对性地给出反馈与控制策略。

二、研究内容

根据企业信用违约风险动态评价与监测系统结构，本书主要研究内容可总结如下：

（一）企业信用违约风险评价指标体系

本书通过对现有企业信用评价指标体系的研究文献进行整理、分析，获得初步企业信用违约风险评价指标体系。考虑到各指标之间会出现重复度量、指标数据过多不便于指标权重的计算的情况，因而将采用相应的指标筛选方法，实现众多指标的筛选，并对经过筛选后的指标进行聚类分层。在指标筛选的过程中，本书将从指标的显著性和指标之间的相关性来进行。指标的显著性主要注重所选择的企业信用违约风险评价指标，能切实区分被评价对象之间的差异性；指标的相关性主要注重对相关度较大的一些指标，只保留其中一个指标即可，避免指标之间的重复性描述；针对指标个数太多的情况，本书将采用聚类分析的相关算法，对多个指标进行聚类和分层。本书将对现

有的 K 均值聚类算法的不足进行分析，并结合企业信用违约指标分类和评价数据信息，对 K 均值聚类算法中的相关性测度指标进行改进，提出一种新的相关性测度指标。

（二）企业信用违约风险评价测度的选择

为实现对企业信用违约状态的评估和预测，必须获得一定的建模数据或评价数据，这就涉及评价测度的选择问题。在选择评价测度的过程中，不仅要考虑评价方法能否获得更为客观的评价结果，还应该考虑该测度下预测模型的建立问题。本书在评价测度的选择上，根据企业信用违约风险评价指标的定性和定量共存的实际状况，提出实数和区间数共存的评价测度。对于定量指标，可以直接利用研究企业的相关数据来进行计算，定量指标的测度全部以实数为主；对于定性指标，由于这些指标不能基于一定的数据进行计算，也不能通过模型进行直接计算，要进行预先处理。将定性指标按照类别或者数值进行归类划分，并对同一类别的研究对象进行统一赋值，把赋值区间定义为（0，100），这样就可以用于模型计算。

（三）企业信用违约风险评价模型的建立

在所选择评价测度下，基于所获得数据，建立一种融合企业信用违约风险评价数据的模型，以获得企业信用违约状态预判。本书将评价指标体系分为三级指标：对第三级指标，采用有序加权平均算子的多权重组合赋权法进行信息融合，以获得二级指标的综合评价值；再基于二级指标综合评价信息，建立基于极限学习机的企业信用违约风险评价模型。针对企业信用违约的动态评价实际背景，本书建立了基于递归算法的在线企业信用违约风险评价模型；针对在线企业信用违约风险评价模型容易过早陷入平稳过程的情况，本书对在线企业信用违约风险评价模型进行改进，提出了带有遗忘因子的在线企业信用违约风险评价模型。

（四）企业信用违约风险动态预测模型的建立

企业信用违约风险评价应该是一个持续的、动态的过程，每个预测时间点到达后，会获得新的企业信用违约数据，而该新数据对提升模型预测精度具有重要的借鉴意义。因此，在建立预测模型时，还应该考虑数据的动态引入。同时，企业信用违约的预测模型选择也是一个需要研究的问题。我国企业债券信用违约现象 2014 年才出现，随着企业债券信用违约现象的大量爆发，企业信用违约数据才逐步被国家和金融服务机构所重视，并逐渐进行数据收集，针对企业信用违约风险评价数据不多的特性和预测精度高的需求，本书提出预测模型作为企业信用违约趋势预测模型，并探讨了预测模型的建模原理和方法，结合动态监控的需求，建立了动态预测模型。本书针对具体的样本企业数据，建立了六个二级评价指标的预测模型。

（五）信息反馈与控制策略

信息反馈与控制主要是针对获得的企业信用违约风险评价结果进行反馈和控制，尽可能地减少金融服务机构和投资者的经济损失，及时对企业信用违约风险进行监测，对企业自身的发展起到一定的良性促进作用。如果模型系统输出结果为违约状态，说明企业存在信用违约风险，此时进入反馈系统，需要对企业的经营状态进行干预。一方面能有效地避免企业出现信用违约的事实，另一方面也能有效降低金融服务机构和投资者的金融风险和收益风险。在反馈与控制过程中，企业作为金融服务机构，应对各指标进行分类，要充分利用可调节因素，对企业的经营状况进行调节，以降低企业的运营风险。因此，首先要确定可调节因素；其次根据前期所确定的指标权重的大小，区分各个因素对最终信用违约风险的影响程度，确定主要可调节因素，选择指标权重较大的可调节指标进行风险防控；最后针对主要可调节因素制定风险管控策略，并按照管控策略实施，以降低相关企业出现的信用违约风险。

第三节　结构安排

第一章为绪论。主要介绍了本书的选题背景、研究意义、研究思路、研究内容、结构安排以及创新点和不足。

第二章为企业信用违约风险评价研究文献综述。主要介绍和梳理了企业信用违约风险国内外研究发展综述、评价指标体系、评价方法和预测方法。

第三章为民营企业信用违约风险相关理论。主要从民营企业经营者视角、金融服务机构视角和政府管理者视角分析目前我国民营企业所面临的融资难、融资成本高的主要原因，提出解决民营企业融资难的主要途径是保持企业与金融机构之间的信息畅通，避免双方掌握信息的不对称，而构建一套适合评估我国民营企业信用违约风险的方法则是解决信息不对称的主要途径。

第四章为民营企业信用违约风险评价监测指标体系构建。首先，通过文献综述法和实际分析法，得到企业信用违约的初选指标集，对初选指标集进行进一步筛选，得到企业信用违约的评价指标；其次，建立了基于改进灰色关联度的新的聚类算法，并基于新的聚类算法对企业信用违约风险评价指标进行聚类和分层。

第五章为民营企业信用违约风险评价及监测指标权重确定。首先，分析了诸如专家赋权法、层次分析法、模糊层次分析法、变异系数法等指标权重确定方法的赋权原理和特点。指出组合赋权能综合各种单一赋权法的优势，但传统组合赋权法只对一种主观赋权法和一种客观赋权法进行加权，从而提出了一种新的基于有序加权平均算子的组合赋权法。

第六章为基于极限学习机原理的信用违约风险评价及监测分析。首先，介绍离线极限学习机信用违约风险评价模型；其次，建立了可及时更新企业违约数据的在线极限学习机和带有遗忘因子的极限学习机评价模型，并根据样本数据对比分析了三种极限学习机信用违约风险评价模型的优劣。同时，系统梳理了民营企业信用风险评价模型应用过程，并结合指标体系权重针对性地提出监测分析和防范措施。

第七章为研究结论与对策建议。总结了民营企业信用违约风险评价模型的应用及其局限性，并从商业银行、企业管理者和社会管理者三个角度提出降低企业信用风险的建议和对策。

第四节　创新点与不足

一、创新点

第一，通过分析我国民营企业所处的经营环境、经济形势等因素，结合国内外研究文献及我国商业银行当前普遍使用的评估指标体系，系统地研究和发现并甄选出有益于评价民营企业信用违约风险判别的新的因素指标，建立了针对民营企业违约鉴别能力较强的信用评级指标体系，确保了整体指标体系对民营企业违约状态显著的鉴别能力，弥补了现有研究的缺失或片面性。

第二，本书首先介绍和讨论各种单一赋权法和传统组合赋权法的优劣，其次进行对比分析，最后提出适合本书研究对象特点的位置组合赋权方法，避免了传统赋权法的主观性和缺乏与实际研究对象相关联的不足。

第三，本书根据我国民营企业信用违约风险的来源，结合我国民营企业的发展特征与经营环境，构建了我国民营企业信用违约风险动态评价模型——带遗忘因子的极限学习机信用评价模型。该模型能够深入挖掘特定属性子集上的显著特征，从而有效地提高模型的灵活性、稳健性以及对不同数据集的适用性。

二、不足

第一，在选择和分析可能影响我国民营企业信用违约风险的各项因素及其指标的过程中，难免会存在遗漏一些难以观测、难以衡量或难以获得的变量的可能，并且由于本书所用的数据集固有变量的限制，一些可能会影响民营企业信用违约风险的个体异质性因素指标也无法被获得并使用。因此，本书所使用的信用评估指标体系可能是存在遗漏变量的，这或许会使模型的性能存在进一步的提升空间。

第二，从研究者的能力与精力、研究效率、研究结果意义等角度出发，本书并未对所有行业民营企业的样本进行研究，而只是选出了违约样本数最多且样本违约率较高的制造业的违约特征进行了研究，并据此设计带遗忘因子的极限学习机信用评价模型，所得模型的适用性也有很大局限性。

第三，本书的研究对象为上市民营企业，对于没有上市的民营企业信用违约风险度量没有研究。非上市民营企业财务数据和非财务数据难以获得，对应的模型构建存在较大困难，无法对全样本数据集进行实证研究，故本书只能从上市的民营企业中选择指标体系形成样本数据集，并对其开展了实证研究，这在一定程度上使研究者无法全面验证模型在非上市的民营企业及其他性质的企业高达数十万份甚至更大规模数据集上的性能。

第二章　企业信用违约风险评价研究文献综述

第一节　企业信用违约风险评价研究发展综述

一、国外研究发展综述

国外对企业信用研究起步较早，Fitzpatrick（1932）最先提出开展公司破产方面的研究，其通过建立单变量预测模型实现19家企业的破产状态判别，并分析指出企业净利润与股东权益的比值以及股东权益与企业负债的比值是判别企业破产的两个主要指标。虽然Fitzpatrick提出了公司破产的概念，并基于其所建立的预测模型进行了公司信用违约风险预测，但并没有引起学术界和企业经营者的重视。

Beaver（1966）采用统计学的方法，基于企业财务危机单变量预测模型，分析出企业发生财务危机是导致公司破产的主要因素。此后企业经营风险控制才被学术界重视，基于计量经济学的企业风险或企业破产预测与分析成为学术界关注的重点。Fitzpatrick和Beaver的分析结果在当时都具有重要理论意义，但是他们所建立的单变量预测模型是独立地针对某一个因素进行分析，没有考虑各因素之间的关联性，企业破产的影响因素很多，且各个影响因素之间存在一定的相关性。Altman（1968）基于所采集的样本数据，采用统计学方法对22个财务指标进行归类，建立了著名的5变量Z-Score模型。Altman将企业信用违约风险评价分为企业信用违约风险评价指标之间的统计显著性分析、评价指标之间的相关性分析、基于指标因素的预测模型精度分析和专家意见的信息融合四个过程，所建立的企业信用违约风险评价指标体系由5个财务指标组成，该研究忽略了宏观经济环境对企业信用违约的影响。Altman等（1977）对Z-Score模型进行了修正，并将原来的5个财务指标扩展为包含7个评价指标的评价模型。他们在Z-Score模型的基础上建立了财务风险的多元回归预测模型，提出了用于企业信用违约风险评价Z-Score模型和一种称之为ZETA的信用风险模型。虽然在变量的选择和统计方法的使用上均有改进，但是变量之间的相关性以及样本外模型的应用仍有不足。综合分析现有的关于企业信用风险评价影响因素的研究成果可以发现，学者主要聚焦于企业的经营状况来选择评价指标，而忽略了社会环境、社会突发事件等因素对企业违约的影响。

Horrigan（1966）在多元回归预测模型基础上进行了深入研究和实证探讨，文章的主要贡献在于分析了多元回归预测模型的变量选择方法，并针对实际案例进行了分析和建模，有效地提升了多元回归预测模型的精度。

多元回归分析虽然得到普遍的使用，但是该模型存在一定的不足，因为多元回归分析要求样本数据具有正态性、方差及协方差相等，在实际的研究案例中，该条件很难得到满足。因此，多元回归分析不能较好地评价企业的信用风险。鉴于多元回归分析模型的以上缺陷，非线性回归模型Logistic与Probit模型被逐渐应用于信用风险评价体系中。Logistic回归模型是用最大似然估计方法求得待估参数值，运用数学推导计算企业违约概率，以此判定企业信用状况。Probit回归模型是在正态分布的理论基础上进行的，当研究的解释变量是连续变量服从正态分布时可以考虑该模型。

Petersen和Deddens（2000）以美国联邦储备银行中的58家违约企业为样本，选择营业费用/营业收入的比值等6个财务指标，建立了Logistic非线性回归模型用于企业信用违约风险评价，与传统的 Z-Score 模型和 ZETA 信用评价模型的预测精度相比，Logistic 非线性回归预测模型的信用违约预测精度得到显著提升。Ohlson（1980）则建立了基于 9 个财务指标的 Logistic 预测模型对企业违约概率进行预测。通过对 2163 家公司进行实证分析，得到影响企业破产主要在于企业的规模、企业的资本机构、企业资金来源与总负债的比率和短期资金的流动性这 4 个财务因素。为提升该预测模型的预测精度，在数据选择上要求选择评价时刻前的违约样本数据进行建模。Zmijewski（1984）则按照一定比例选择违约企业样本和未违约企业样本，建立了 Probit 非线性回归模型预测企业的信用违约状态，避免非违约样本过多导致模型的预测精度不高的问题。最终通过对比研究样本显示：同比例抽样对参数的显著性和模型的预测效果没有显著影响。抽样方法在研究同类问题时有待改进，但是该研究为以后研究者提供了建立非线性回归模型的思路和研究方法。

Logistic 回归预测模型与 Probit 回归预测模型的分类预测精度相似。一方面，在实际信用风险评价预测中，Logistic 回归预测模型用于信用违约风险评价时，其偏回归系数的经济意义更容易解释，使 Probit 回归模型逐渐被 Logistic 回归模型取代；另一方面，Logistic 回归模型不需要变量满足正态和等协方差假设条件，克服了多元线性回归预测模型需满足一定假设条件的局限性，具有更广泛的应用范围。但是 Logistic 回归模型也存在一定的局限性：首先，该模型要求因变量是两类定性变量，对于因变量是多类变量无法进行研究，对于多个解释变量，选择合理的解释变量个数没有统一标准；其次，信用违约风险阈值是根据金融机构的风险偏好设定的，评价结果具有一定的主观性；最后，预测模型的建立过程相对复杂，而且存在一定的建模舍入误差，该预测模型的预测精度受到影响。

鉴于模型上述不足，生存分析模型悄然被应用，常用的生存分析模型有 Weibull 分布生存模型和离散时间风险模型等。该类模型起始于 20 世纪 80 年代，是统计学研究领域的重要分支，首先被应用于医学和工程学领域，随着研究发展和理论逐渐完善，后来逐渐被一些研究者用于风险识别和企业信用预测分析中。

Lee 等（1996）使用 Weibull 分布生存模型预测了保险公司产生信用风险的概率，与 Logistic 模型的信用风险预测结果进行了对比，研究结果发现，Weibull 分布生存分析模型在企业信用风险的预测中精度更高。Shumway（2001）建立了离散时间序列的风险预测评价模型，并得到其参数估计与 Logistic 模型的估计相似，但其预测精度显著高于 Logistic 模型的预测精度。Kaya 等（2017）研究土耳其家庭消费信用违约的影响因素，通过建立 Cox 生存分析模型和 Logistic 回归分析模型，得出影响家庭消费信用违约的因素主要有家庭成员年龄、性别构成、家庭收入、受教育水平等。通过对比分析两类模型研究结论和判断结果准确率，Cox 生存分析模型优于 Logistic 模型。面对日益复杂的大数据时代，生存分析模型的假设很难满足，模型参数计算复杂程度也限制了生存分析模型的应用。

除去以上参数统计分析模型，KMV 模型以上市企业为信用违约风险评价对象，是基于其所建立的 Black-Scholes 期权定价公式而建立的一种动态风险预测和评价模型。

KMV 模型在使用过程中逐步改进并最终成型。最初建立 KMV 评价模型后，评价机构将其用于上市企业的信用违约状态预测与评价，并与实际违约数据进行对比，发现该预测模型能以高精度的预测结果实现对评价机构的风险预测。随着金融市场复杂度的增加，影响因素更多，KMV 评价模型也得到不断地改进和提升，以进一步提高其风险预测精度。

KMV 模型在实际应用中也凸显出一定的缺陷。首先，KMV 模型的评价指标主要选择上市公司的指标，因此，其只能用于对上市公司的评价；其次，KMV 模型的建立是在大数理论上，要求被评价对象的资产价值必须服从正态分布，并在正态分布建设检验范围内进行风险计算和评估，而实际上并不能保证该假设成立。

通过以上分析可知，国外学者为实现企业信用风险评估，早期所选择或建立的信用风险评价模型可归纳为判别分析法（如 Z-Score 模型、Fisher 二类线性判别法、ZETA 模型等）、回归分析法（如多元线性回归预测模型、Logistic 回归预测模型、Probit 回归预测模型等）以及 KMV 模型等。为了更准确合理地分析日益复杂的大数据，除了上述参数统计模型外，随着科技的发展、计算机硬件的升级和运算速度的提升，一些非参数统计计量模型和人工智能模型被广泛应用于企业的破产和信用风险评价中，这就大大拓展了企业信用评价的模型种类和应用范围。常用的有神经网络模型和支持向量机等非参数统计方法，这些模型对样本数据的分布和性质没有严格要求，适用范围被大大拓展，基于此，人工智能模型应用于企业信用违约风险评价渐渐成为主流。

神经网络模型是最早被用来研究企业违约风险评价和破产预测的非参数智能方法，Odom 和 Sharda（1990）首次将神经网络模型应用于企业的信用风险评价和企业破产的预测领域，借助于 Z-Score 模型研究结果选取 5 个解释变量，采用 BP 神经网络模型建立了基于 BP 神经网络的企业破产预测模型，并与多变量判别分析模型预测结果进行比较，结果表明 BP 神经网络模型预测准确率较高，比较适用于企业破产的预测。

Coats 和 Fant（1993）以财务失败企业为研究对象，用神经网络模型对财务失败的企业进行研究预测，并与多元回归分析模型对财务失败企业的预测能力进行对比分析，研究结果表明神经网络模型比多元回归分析模型对财务失败企业进行预测具有更好的准确性和稳健性。Han 和 Wang（2011）利用 BP 神经网络对企业信用风险进行分析，建立了公司信用违约风险评价指标体系，用来自不同行业的财务数据进行训练，通过训练样本与测试样本数据对比得出 BP 神经网络模型较优。Ciampi（2012）对意大利 7000 多份小微企业的数据运用 BP 神经网络方法对企业信用进行评价，并将评价结果和多元判别分析、Logistic 回归模型评价结果进行对比分析，结果表明 BP 神经网络的预测精度更高。Qiao 和 Lin（2013）构建了基于供应链的中小企业财务信用风险评价指标体系，通过 BP 神经网络预测模型评价中小企业的信用风险登记，进而预测中小企业的信用水平，为商业银行提供贷款评价依据。它不仅是中国中小企业解决贷款的有效途径，还是商业银行拓展金融服务的有效途径。Blanco（2016）收集英国 200 多万份小微企业的财务数据和非财务数据，运用 BP 神经网络模型进行信用风险评价，并与 Logistic 模型的信用评价结果进行比较。结果表明，BP 神经网络模型能提高 6%的预测准确度。Mohammadi 和 Zangeneh（2016）研究银行信贷客户使用 BP 神经网络模型算法对多层感知器神经网络模型进行训练，采用均方误差作为判别隐层神经元数量的准则。通过与 Logistic 回归和决策树等多种分类算法比较，发现神经网络模型在客户信用风险评估中的表现优于其他分类算法。Du 等（2021）应用 BP 神经网络算法构建了互联网信用风险的预警模型，遗传算法用于对神经网络参数的寻优，使 BP 神经网络得到全局最优值，并对所构建模型的精度进行了对比。结果表明 BP 神经网络算法预测更准确、误差更小、准确率可达 97%。因此，使用 BP 神经网络对信用风险评估和预警具有良好的精度和计算效率，扩展了 BP 神经网络在互联网领域的应用，并提供了一个新的发展方向，即早期评估和预警网络信用风险。

企业信用风险评价是风险管理领域中一个非常具有挑战性和重要性的管理问题，为了解决这一问题，以上文献中提出了许多模型判别方法，特别是神经网络模型，由于其普遍逼近的特性受到广泛的关注和应用。很多学者为了达到精度更高的预测结果，均建立了基于神经网络的企业信用违约风险评价模型，其主要区别在于所选择的企业信用违约风险评价指标的不同。神经网络模型的优点包括有较高的准确预测率、对样本数据的分布没有要求和具有非线性处理能力。然而使用神经网络模型进行决策也有不足和局限性：①虽然神经网络能逼近任意函数，但是在实际案例应用中，神经网络的训练结果依赖于样本容量的大小且计算量较大；②模型缺乏解释能力，虽然神经网络模型可以达到很高的预测准确率，但是无法获悉模型的运行方式，缺乏明确的统计理论基础，存在“黑箱性”问题，并且该算法较易形成局部极小、得不到全局最优的情况；③该模型虽然对样本数据要求不高，但是需要对参数进行反复修正，模型优劣依赖于参数初始值的设定，对研究者提出较高的专业要求。因此，基于神经网络模型的企业信用违约风险预测应用具有一定的局限性。在实际应用中，该方法常被作为校验性的辅助方法。

支持向量机（SVM）是基于统计理论建立的一种新学习方法，通过高维空间构造判别函数，解决数据较高维数的情况，既具有严格的统计学理论基础，又有较好地解决小样本数据学习、描述系统非线性和局部最优的优良性能，实际应用显示该模型具有良好的分类效果，适合用于企业信用违约风险评价。Fan 和 Palaniswami（2000）建立了澳大利亚国家内上市大型企业的财务失败的支持向量机预测模型，并与多元回归分析模型、神经网络模型的预测结果进行比较。结果表明，支持向量机的财务失败预测结果准确率要高于用多元回归分析模型和神经网络模型建立的财务失败预测模型的预测准确率。Shin 等（2005）使用 SVM 模型对韩国的中型制造企业进行研究，并与神经网络模型预测结果进行比较分析。结果表明，支持向量机模型预测准确率更高。Chen 和 Shih（2006）提出了一种基于支持向量机的证券信用评级自动分类模型，使用了三个新变量——股票市场信息、政府的财务支持和大股东的财务支持来提高分类的有效性，并将支持向量机模型与 BP 神经网络模型进行了比较。研究结果表明，SVM 模型的分类精度更高。Punniyamoorthy 和 Sridevi（2016）构建 BP 神经网络和模糊支持向量机分类器来区分优劣债权人，研究采用人工神经网络进行分类预测。针对数据点隶属度值对分类问题的影响，提出并采用新的机器学习分类算法模糊支持向量机分类模型，并对两类模型进行了测试和比较。通过比较 BP 神经网络模型和模糊支持向量机模型对信用风险数据集的预测性能，得到模糊支持向量机模型比 BP 神经网络具有更好的预测性能的结论。Dharwadkar 和 Patil（2018）提出了一个解决银行业客户信用风险分析问题的模型。采用人工神经网络（ANN）、深度神经网络（DNN）和支持向量机（SVM）用德国信用数据集来评估客户的信用风险情况，对银行客户数据进行分析。研究结果表明，使用 ANN、DNN 和 SVM 算法，对银行客户信用数据的识别准确率分别达到 92%、97%和 98%。通过比较支持向量机模型和其他两类神经网络模型对信用风险数据集的预测性能，得到支持向量机模型具有更好的预测性能的结论，为银行对客户的信用风险分析提供了有效的理论依据。Sariev 和 Germano（2019）将 Logistic 回归模型和支持向量机模型应用于公司债务人的信用风险识别。模型使用三个数据集来检验，包括来自德国的零售债务人、来自东欧的公司债务人、来自波兰的公司债务人。结果表明，SVM 模型在大多数情况下在企业和零售领域的分类准确率上优于 Logistic 模型。

上述文献研究主要是对国外有关企业信用违约影响因素、实证量化方法的研究。国外企业信用市场发展时间长，因此从事企业信用风险理论研究起步也比较早，涉及企业信用违约分析的各个方面，已经逐步形成了信用风险评价的体系，从理论到方法都有比较丰富的成果，逐步形成了信用风险评价的完整体系。但国外的研究成果主要是以发达国家市场环境为研究背景，且以资本主义社会的经济运行机制为理论基础，其研究成果并不完全适用于我国社会主义制度下的信用风险评价。与国外学者的研究相比，国内学者对企业信用风险度量的研究历史相对较短，主要原因是我国信用评级体系建成且使用时间短，缺乏大量的数据资料积累。由于数据资料的匮乏，国内关于信用违约风险的研究大多以上市公司财务失败或财务困境预测为主，使用的模型和方法也是以破产预测模型和财务失败预测模型居多。与上述对国外研究文献的梳理类似，下文中同样以建模方法为主线，对国内信用风险度量模型的相关研究进行梳理和归纳。

二、国内研究发展综述

因国内经济体制的缘由，企业信用违约事件在国内早期几乎没有。因此，关于企业信用违约的研究并不受国内学者的重视，相对研究成果并不多，直到 2014 年国内发生首起企业信用违约事件，企业信用违约风险评价才逐渐被学者重视，相关理论研究成果才得以逐渐发表。

国内企业信用违约研究过程与国外企业信用违约研究历程相似，借助于国外的研究理论和方法，国内的研究进程较快。国内最初研究企业信用违约预测是以多元回归预测模型为主，其核心问题还是关于多元回归模型的影响因素选择和各因素变量的显著性分析。

陈静（1999）选取上市公司资产负债率、上市公司净资产收益率、上市公司总资产收益率和上市公司流动性比率 4 个主要反映企业财务状况的指标，建立了多元变量判别分析模型用于企业财务状况的判别，并利用相同比例的 ST 公司和正常公司的样本数据对模型进行参数辨识，实证结果显示该多元判别模型具有较高的分类预测精度。

施锡铨和邹新月（2001）则以1∶2的比例选择ST公司和正常公司作为样本数据，建立了基于上市公司净资产收益率、上市公司资产负债率、上市公司流动比率、上市公司总资产收益率、上市公司总资产营运率的上市公司财务失败典型判别模型，实证结果显示该模型能有效实现对上市公司违约状态的分类识别。梁琪（2003）等用主成分分析法对多因素进行主成分分析，并以沪深上市公司作为训练样本，建立了基于4个主成分指标的财务失败判别模型，实证分析该方法也具有较高的分类预测精度。

起初信用风险分析方法主要是多元回归判别分析法，该方法要求指标数据服从正态分布，实际样本数据很难满足正态分布的要求，随着企业信用风险研究的深入，Logistic模型逐渐取代多元回归判别分析法，成为建立企业信用风险的主要预测和评价模型。

吴世农和卢贤义（2001）按照1∶1的比例选择违约和未违约企业作为学习样本，建立了企业财务失败的Logistic模型，并与判别分析模型和线性概率模型的财务失败预测能力进行对比，结果表明3种模型预测结果准确率均在80%以上，而Logistic模型预测结果判错率最低。程小亮和王鹏（2013）运用贝叶斯判别分析法和Logistic回归分析法对公司信用风险进行分析，贝叶斯判别分析法主要是运用判别函数之间的关系，来判断公司信用属于哪一类，而Logistic回归函数主要是运用变量之间的关系进行分析。通过以上两种方法比较可知：Logistic回归函数明显优于贝叶斯判别分析法。Logistic回归分析应用较少的指标就可以到达较好的效果，信用违约结果的判别准确率达到92.1%，远远高于贝叶斯函数83.9%的判别准确率。此外，也有研究学者对Logistc回归分析法进行改进，如满向昱等的Lasso-Logistic模型和郭林等的两阶段的Logistic回归分析法，用来研究企业信用风险问题，也取得了很好的预测效果。满向昱等（2018）采集了496家上市公司的数据作为学习样本，建立了基于Lasso-Logistic模型的上市企业信用风险评价模型，并给出影响上市企业信用风险的主要因素。郭林等（2020）则指出企业违约的损失额不同，其信用特征也存在较大差异，从而构建了两阶段Logistic回归分析模型。第一阶段先判别是否违约；第二阶段则区分违约属于高损失违约还是低损失违约。

20 世纪 90 年代以后，随着人工智能算法的发展，基于神经网络、支持向量机的预测方法逐渐被国内学者用于企业信用违约预测中，在企业信用风险管理和企业破产风险的预测上具有良好的预测能力。

王春峰和万海晖（1999）使用 BP 神经网络模型以商业银行的贷款数据为样本进行实证研究，并与判别分析法模型的预测结果进行比较，得到 BP 神经网络预测模型的预测精度更高、平均准确率更好的结论。管七海和冯宗宪（2001）则对常用的多元回归判别模型、Logistic 回归判别模型、神经网络判别模型进行了对比分析，得到不同的企业信用违约判别模型，应该选择不同的判别变量进行建模和分析。

庞素琳等（2005）利用 BP 神经网络建立了一种新的信用风险分类预测模型，对 120 家企业进行信用风险评价。实证结果表明，基于样本数据所建立的 BP 神经网络分类评价模型的企业信用风险分类准确率高于线性判别分析法的分类准确率。王莉等（2005）则利用 BP 神经网络对银行的个人客户建立了信用登记评价分类模型，通过采集个人客户的银行信用数据作为训练样本集，通过学习和训练建立了个人客户信用等级评价模型。

神经网络模型在实际应用中表现出较强的自组织能力，能根据样本数据的不断增加，实现内部参数自适应调整和自学习，具有较强的非线性映射能力和泛化能力，适当选择神经网络节点数后，其预测精度将非常高。神经网络的不足在于建立模型时需要大量的学习训练样本数据，并且在神经网络权值寻优过程中容易陷入局部最优，使神经网络的学习训练速度慢，降低了神经网络的预测精度。为弥补神经网络系统的不足，简化其学习训练过程中的计算量，结合企业信用违约的二分性特性，一个基于小样本学习理论的学习算法支持向量机（SVM）被学者用于企业信用违约风险评价中，取得了较好的评价效果。

甄彤和范艳峰（2006）建立了基于支持向量机的企业信用风险评价模型，但其对支持向量机中核函数选择与向量机中的参数设置是否影响企业信用风险评价结果和影响程度进行了案例分析。肖文兵等（2007）也建立了基于支持向量机的个人信用评价预测模型。鲁海波和徐云（2007）利用外国破产企业的样本数据训练并建立了外国企业破产支持向量机预警模型，实证了SVM信用预测模型，不仅克服了传统统计预测模型处理非线性数据时表现出来的不足，还能以全局最优的特性收敛到极值，使基于支持向量机的企业破产预测精度更高。胡海青等（2012）分别建立了BP神经网络中小企业的信用风险评估模型和支持向量机中小企业信用风险评估模型，通过实际案例分析得出对中小企业信用违约的判别，支持向量机的预测精度要优于BP神经网络预测模型的结论。刘敏和李强（2020）则针对商业银行的信用风险评估需求，基于支持向量机的少样本数据、高精度逼近系统的特性，建立基于支持向量机的风险评估模型，实证验证了支持向量机预测模型要比多元判别分析精度高，且比神经网络预测模型的学习速度快、预测精度也高。

支持向量机的理论研究成果相对比较丰富，但是基于支持向量机的应用还不多，理论的成熟逐步带动应用范围的扩大，加上人工智能算法的广泛应用，支持向量机必然会以其少学习样本、高逼近精度被广泛地应用于信用风险评价领域。

孙冰颖（2012）则对支持向量机进行改进，针对中小企业的信用违约情况，建立了最小二乘支持向量机评价模型，并通过实证分析最小二乘支持向量机的企业信用评分预测模型具有较高的预测拟合精度。张大斌等（2015）通过遗传算法、决策树、神经网络模型、最小二乘支持向量机等模型，对我国上市公司的信用风险进行评估和比较，结果表明最小二乘支持向量机模型方法有更高的精度。肖斌卿等（2016a）建立信用评级模型以评价商业银行的贷款客户的信用风险，使用某商业银行6年小微企业实际信贷数据，运用线性判别分析、二项逻辑回归和BP神经网络模型等基于现有的12种企业信用违约风险评价模型进行了对比仿真分析，指出了各种算法的优劣性，并给出了10级神经网络的风险评级效果最优。李佳佳和李田（2018）从公司治理的角度选择了影响企业信用违约风险的主要因素，构建了公司信用违约风险评价指标，并以采集ST和非ST公司的财务数据和非财务数据，建立了BP-Adaboost信用风险评估模型，实际案例对比仿真表明BP-Adaboost评估模型要比传统的神经网络风险评估模型的精度更高，并指出非财务指标影响公司信用违约风险评价精度。夏晗（2019）针对小微企业信用违约数据样本少的特点，建立了基于支持向量机回归集成的信用违约风险评价模型，对比仿真发现该方法要比纯粹支持向量机和神经网络的预测精度更高。潘宇桐和孙英隽（2020）以民营企业为研究对象，针对违约与非违约样本类型数量失衡，选用加权支持向量机模型，对不同类别样本采取不同权值，选取财务特征指标，构建风险预警模型，通过实证案例得到加权支持向量机模型具有较好的判别能力。除此之外，国内研究中还有一些研究应用支持向量机在企业信用风险评价、企业破产预测中，如谷慎等（2019）、沈彦菁等（2019）。

支持向量机具有其本身独特的算法优势，该模型在高维度、非线性分类领域具有得天独厚的优势，可以运用核函数，较好地解决非线性分类问题，其分类准确率高、鲁棒性强并且支持向量机模型面对小样本数据时也具有更好的表现。但是支持向量机也有它的不足之处：首先，当采用和函数计算时，需要储存矩阵，比较复杂，每一次需要选定一组参数，训练时间长，需要较高的专业理论要求；其次，用模型进行预测时，预测时间和支持向量的数目相关，支持向量的数目较大时，预测计算比较复杂；最后，支持向量机仅适用于小样本的模拟和预测，无法很好地适应目前大数据时代的经济问题研究。

以上文献分析了现有的综合评价模型以及各种评价模型的适用范围，指出现有的很多模型评价方法并不适合于企业信用违约的动态评价，从而尝试提出一种基于极限学习机的企业信用违约风险动态评价算法。一是介绍了极限学习机的良好逼近优势和建模原理，并建立了离线极限学习机信用违约风险评价模型；二是针对企业信用违约风险评价是一个长期监控机制的特性，又建立了可及时更新企业违约数据的在线极限学习机模型和带有遗忘因子的极限学习机模型，并根据样本数据对比分析了三种极限学习机信用违约风险评价模型的优缺点。

本书梳理了国内外已有研究文献中对企业信用风险度量的模型和方法。按照信用风险度量模型的发展历史由简单到复杂，从古典信用分析法、违约预测模型法、信用风险度量高级模型法三方面进行了归纳和总结。总的来看，国内外对信用风险度量的研究非常丰富，但是对民营企业信用风险度量的研究却相对较少，尤其是在国内，由于受数据条件的制约，目前关于我国民营企业信用风险的研究还非常稀少。通过前面的文献回顾和分析比较，笔者认为量化民营企业信用风险的最佳建模方法是神经网络智能算法，并且在度量指标的选择上，不仅需要考虑企业财务信息的作用，还需要考虑民营企业公司治理等非财务信息。这需要不断进行深入研究和探讨、不断完善信用评级理论体系，以期取得新的、有价值的研究成果作为实践的理论依据。

通过对国内外信用评级理论和风险控制措施的对比、分析和研究，能够初步得到以下结论：

第一，国外学者应用经济理论对信用风险的识别和度量问题进行了深入的分析和研究，建立了一系列模型，尽管这些模型的建立和外部条件不完全符合我国企业的实际情况和银行的经营管理现状，有许多方面还要做适应性调整。但是，这些研究成果和实践经验将对本书的研究方法和内容提供很多的借鉴。

第二，国内学者已经开始研究信用风险的预测和度量问题，由于国内信用风险度量的研究历史相对较短、缺乏大量的数据资料积累、统计样本数量少，另外对于企业的评价也多以大中型国有企业为主，而没有深入探讨民营企业的内在特点，信用风险评价对民营企业的适用性和准确性还需要加强。

第三，国内大部分商业银行使用的评级模型主要体现了大中型国有企业特点，信用评级模型无法兼顾民营企业的很多特性，不能客观揭示民营企业的信用风险影响因素和违约特征，进而不能合理地评价民营企业的信用违约风险。

基于以上分析，本书依据我国经济发展阶段、民营企业的特点和企业行业的风险特征等因素，充分借鉴国外理论研究文献，在此基础上进行相应的研究分析得出符合我国客观实际、体现民营企业特点的信用评级体系。因此，探讨民营企业的信用评级体系、研究民营企业信用量化模型、评价相关民营企业的信用违约风险及信用违约企业防范机制的解析，才是本书的重要工作。

第二节 企业信用违约风险评价指标体系研究

企业信用违约风险评价体系包含三部分，即企业信用违约风险评价指标体系、指标权重的确定和综合评价方法。按照通俗的理解，企业信用违约风险评价就是根据企业信用违约的需要，采用一定的方法设计一套用于评价企业信用违约状态的评价指标集，并对所选择的指标集赋予不同的指标权重。当采集各指标下的评价信息后，采用一定的综合评价方法将评价数值综合为一个数值，根据该综合数值来实现企业信用违约趋势的判别。在这三部分中，确定企业信用违约风险评价指标体系是第一步，也是最关键的一步。

业界普遍流行的企业信用违约风险评价指标最初是遵从国际上通用的资本、品德、担保、能力和环境的“5C”原则，对企业的还款能力进行评价，但是对于金融服务机构，则主要是从企业的自身运营状况、企业的还款能力、企业借款用途、企业发展前景、企业所提供的担保五个方面来实施评价，以明确企业是否具有偿还借款的能力和是否具有还款的意愿。当前国际公认的三大评级公司主要是穆迪、标普和惠誉，这三家公司在对企业信用评级中的侧重点各不相同，穆迪注重的是企业的收益、资金流动及企业自身的资产负债；标普则主要关注的是企业经营风险；惠誉注重于企业的行业环境和企业自身定位。各个机构在对企业信用评价过程中所采用的评判标准不同，导致不同机构得到的评判结果不同。1979 年，美国联邦金融机构检查委员会对企业信用评价指标进行了规范化，通过对现有评价体系的综合，最终颁布了包含企业资本充足率、企业的盈利性、企业的管理能力、企业资产质量、企业资金流这五个主要指标的 CAMELS 信用评价体系。自该信用评价体系颁布以后，各大银行均参照该评价体系对企业信用进行评价，但是在实际应用中，各个国家的国情和人文背景又有所不同，为适应各国家和地区的金融市场发展规律，各国家或地区又对 CAMELS 信用评价体系进行了调整，建立了适合各国家或地区经济发展和金融市场发展规律的企业信用评价体系。

在国内，随着我国经济的发展、金融市场逐渐繁荣，对企业信用评价也逐步被重视。当前我国信用评级机构主要有四家，分别是中诚信公司、大公国际公司、联合资信评估公司和上海新世纪公司。中诚信公司根据不同需求提供两种评级服务：一种是主要对企业能获得各种支持的信用评级，另一种是根据企业运营环境和自身基础设置获得企业运营状况的信用评级。大公国际公司所选择的评价指标则主要偏重于企业运营环境、企业的管理能力和盈利能力方面。联合资信评估公司和大公国际所选择指标之间的差异性并不大，只是在评价过程中存在一定的侧重点。上海新世纪公司所选择的评价指标侧重于企业财务状况、经营能力、市场地位等方面。

除了四大评级机构，我国各大商业银行也建立了客户信用评级指标体系，以实现对其客户的信用评级。例如，中国工商银行从企业的财务状况、企业资金流动、企业偿债、企业管理、企业发展前景五个方面建立了定性和定量相结合的指标体系；中国农业银行所制定的企业信用评价指标体系则更注重客户的信用履约和企业的发展能力；中国银行在建立企业信用评级指标时更加注重企业的资金链稳定和资金流周转速度；中国建设银行则在指标体系制定过程中不仅考虑了常规的财务性评判指标，还将一些非财务指标加入评价指标体系中。通过分析可以看出，我国大型商业银行普遍采用的是财务性指标，只是各银行根据自身运营特点，在指标体系建设中增加了侧重点。

除了以上大型评级机构和各大商业银行制定的企业信用评价指标体系，各学者也从不同的角度考虑，从企业自身风险防控的角度入手，分析了企业在自身运营和风险管控等方面存在的诸多问题。主要表现在政府部门、金融机构对企业的信用管理流程不完备，在对企业信用风险量化评估过程中存在量化工具落后的问题，且缺乏针对企业信用违约风险管理的专业人才。各学者综合各评价机构和国内外大型商业银行的信用风险防控技术和风险管理手段，结合所研究企业的特征，基于理论分析和定量实证分析相结合的方式，对企业的风险管理体系进行了探讨，构建了一系列用于评价企业信用违约的指标体系。现将各学者的主要观点进行总结，如表 2-1 所示。

表 2-1 各学者提出的企业信用违约风险评价指标体系

文献	评价指标体系
Altman 等（1977）	流动比率、资产报酬率、债务偿还、资本化率、企业规模、积累盈余及收入的稳定性等指标
Min 和 Lee（2005）	资本存量周转率、营业资产周转率、固定资本周转率、利息费用占销售额比例、可变成本占销售额比例等指标
Psillaki 等（2010）	企业利润率、偿债能力、杠杆效率、营业额、抵押情况、成长情况等指标
Figlewski（2012）	失业率、通货膨胀率、指数、增长率、工业产值增加值等宏观指标
Li 和 Wang（2013）	基本情况、保证联保、偿债能力、盈利能力、营运能力、宏观环境六个准则层，包括资产负债率、恩格尔系数等 13 个指标
Chen 和 Cheng（2013）	总资产报酬率、净销售额比率、资产增长率、净资产收益率、债务比率等指标
Dierkes 等（2013）	是否为有限责任公司、企业年限、企业年销售额、偿债记录、信誉情况、业务展望情况、订单状况、年产品销售量等指标
Jones 等（2015）	公司治理情况的指标、超额市场收益等反映企业市场情况的指标、每股利润等分析师推荐的指标、短期和长期利率等指标
谭中明和张京（2012）	企业基础素质、企业财务状况、企业经营创新能力、企业成长能力和履约情况等指标
李菁苗等（2012）	盈利能力、经营能力、清偿能力和发展能力 4 大类基本信用指标，网络营销能力、网络客服能力、网络管理能力 3 大类扩展性指标
石宝峰（2014）	企业内部财务因素、企业外部宏观条件、企业基本信用情况、抵质押担保等二级准则层，包括利息保障倍数、近三年企业授信情况、企业法律纠纷情况等 19 个指标
迟国泰等（2015）	速动比率、总资产增长率、行业景气指数等 23 个指标
姚静（2016）	偿债能力、盈利能力、营运能力、成长能力、资产负债、资本结构、收入及利润、现金流指标
李战江（2017）	建立了包括速动比率、流动比率等 11 个指标的微型企业信用评价指标体系
胡胜等（2018）	偿债能力指标、获利能力指标、营运能力指标、发展能力指标、宏观经济指标
潘明道等（2018）	营业利润率、流动负债经营活动、净现金流比率、法人代表年龄、城乡居民人均储蓄年末余额、抵质押担保因素等 25 个指标
蒋辉（2019）	企业盈利能力、偿债能力、营运能力、成长能力、企业素质、诚信保障能力、诚信实践情况、外部环境等指标

续表

文献	评价指标体系
匡海波等（2020）	企业素质、企业自身营运能力、企业自身的盈利能力、企业自身偿债能力、企业成长能力、交易对手的信用状况、交易对手的盈利能力、交易对手偿债能力、应收账款特征、宏观环境、行业状况、履约情况、供应链的合作密切程度等指标

第三节　企业信用违约风险评价方法研究

为获得企业信用违约风险评价结果，首先面临的问题是信息的表现形式，也就是要确定各指标下数据的测度方式。在信用违约过程中，最初采用的是打分制，保障所有的数据均是整数；当多人参与评价时，一般将多人所打分的均值作为评价值，此时的评价测度由整数转化成实数。但是在实际的评价和决策过程中，基于实数测度的评价数据并不能完全反映评价过程中的不确定性问题，学者基于统计学的原理，提出统计推断方法获得评价数据的方式，在一定接受率的条件下，将置信区间作为各指标下的评价数据集，此时的评价测度则是区间数。采用置信区间作为测度时，虽然基于统计学原理能有效避免评价过程中的随机性，但是置信区间不能有效描述实际评价过程中的模糊问题，为此，学者相应地提出了模糊数作为一种新的评价测度。为简化运算，学者相继提出三角模糊数据，为更好地体现区间数的优势，又提出了梯形模糊数。模糊数虽然能有效描述隶属度，但是不能对非隶属部分进行有效量测，为此，学者提出了直觉集。我国教授邓聚龙（1990）则根据存在事物完全可知（白状态）和完全未知（黑状态），但更多的事物是处于完全可知和完全未知之间（灰色状态），从而提出了灰数作为一种评价测度。随着决策理论和决策方法的不断发展，以及各种评价测度下的评价方法对实际生产和工程中的应用，学者对现有测度逐步发展，相继提出了集对测度、直觉模糊集、区间直觉模糊集、语言粒度等评价测度。

评价测度的种类很多，且各种评价测度有其量测优势，但也被其适用环境所限制。通过对现有企业信用评价文献的分析可以得到，当前，学者在对企业信用进行评价的过程中，为便于数据的采集和处理，在对企业信用评价过程中，大多数学者将实数作为企业信用的评价测度。

评价方法是与评价测度相关的，随着评价测度的不断发展也相应提出了不同测度下的评价方法。当前，学者在对企业信用进行实证分析时，大多数学者采用的评价测度是实数，因此，所建立的评价方法也都是基于实数的评价方法。综合分析现有学者在企业信用评价中的方法，主体分为四种：

一、线性加权法

线性加权法是指将所有采集到的企业信用评价数据直接进行加权，最终得到一个评价结果，在该评价方法中，涉及数据获取和各指标权重的确定，其核心技术是指标权重的确定。最初，企业信用违约各评价指标的重要性并没有进行区分，即各评价指标的重要性是等价的，在对企业信用进行评价时，直接将所采集到的数据进行求均值，并将最终的均值作为评价结果。在实际应用中发现，不考虑企业信用各影响因素的重要性，会出现较多案例与实际情况不相符的情况。为使最终评价结果更为符合实际企业信用状况，在对企业信用评价过程中，开始考虑指标的权重确定。在指标权重确定过程中，学者也从不同的角度提出了不同的指标权重确定方法，总体来说分为以下三种：

一是主观赋权法。主观赋权法主要是参与评价的评价者在对企业信用进行评价的过程中，直接根据其个人知识经验和个人偏好对企业信用相关影响因素赋予一定的权重，存在一定的主观性。

二是客观赋权法。该方法主要基于所统计到的企业信用评价信息，利用数学模型或数学方法，基于一定的优化准则和优化目标，获得企业信用违约各评价指标的权重值，该值是通过对数据进行分析获得的指标权重。因此，该赋权方法较客观公正，但是也难免受研究样本数据的影响。

三是组合赋权法。即将主观赋权法得到的指标权重和客观赋权法得到的指标权重进行组合（一般采用的是线性组合，也存在非线性组合），最终将组合后的权重作为企业信用违约各评价指标的权重值。组合赋权法是综合了主观赋权法中的个人知识和个人经验，同时也考虑了客观赋权法中的数据规律，充分利用了主观赋权法和客观赋权法的优势。因此，组合赋权法是当前决策过程和评价过程中最常用的指标赋权法。

二、非线性加权法

非线性加权法主要是采用一些非线性方法来对获得的企业信用评价数据进行集结，从而获得评价企业信用的评价结果。最常用的方法是理想解方法（TOPSIS）、折中可行解决策方法（VIKOR）等。TOPSIS 方法主要是通过计算各企业信用评价数据与商业银行期望企业信用等级之间的贴近度，最终实现对企业信用等级的判别和排序。但是在出现特殊情况时，TOPSIS 方法得到的结果容易出现逆序问题，为此，学者提出了可获得妥协最优解的 VIKOR 方法，通过 VIKOR 方法，能获得带有优先级的折中方案，使最终的评价结果更为可信。

三、统计方法

统计方法主要是利用统计学的方法建立的企业信用评价方法，主要有线性回归、判别分析等参数统计方法和采用贝叶斯网络、最近邻或决策树的非参数统计方法。例如，姜明辉等（2003）针对个人信用评价建立了一套多元回归模型，实现了个人信用的评价。李旭升（2006）分析了贝叶斯网络分类模型的不足后，对贝叶斯网络分类模型进行改进，并将其用于企业的信用分类评价中，取得了较好的评价效果。杨蕴涵（2015）分别利用 Logistic 模型和决策树模型来实现对个人信用的评价，实证结果显示，这两种模型在个人信用评价方法中均能实现高精度的预测和评价。

统计方法虽然能获得较为理想的评价结果，但是统计方法在当前的大数据时代逐渐表现出其不足之处，主要是统计方法更多的是基于线性回归方法建立起来的，使所建立的模型只能描述因变量和自变量之间的线性关系，对于非线性关系则进行了忽略，这种情况往往导致预测结果的误判，最主要的是在建立回归预测模型之前，必须对数据进行去共线性处理；在回归模型建立过程中，关于回归系数的假设检验方面，都是假设数据呈现正态分布的，但是实际采集的企业信用数据未必是完全满足正态分布的。

四、知识学习方法

企业信用违约状态分为违约状态和未违约状态。因此，企业信用违约风险评价其实是一个分类机制，金融机构和投资者要获得一个企业的信用状况，只需要通过数据的输入，将所有企业分为信用违约和非信用违约状态即可。因此，可以采用知识学习来对企业信用违约进行评价。这种基于知识学习的信用评价方法主要有神经网络和支持向量机。通过模拟人类神经网络行为特征的神经网络算法，因其具有加强的泛化能力和逼近能力，被广泛地应用于各个学科，最早将神经网络用于银行破产的信用评价的学者是 Odom 和 Sharda（1990），他们通过对银行破产的实证分析，突出了神经网络分类器在判别银行是否破产的评估中具有较高精度的模拟和预测效果。沈沛龙和周浩（2010）则分别将支持向量机用于对企业的信用风险评价中，实证结果显示，经过学习训练后的支持向量机能较好地实现对企业信用违约状态的分类。郭小燕和张明（2013）则将 RBF 神经网络用于对个人信用的评价，其将银行服务对象的信用违约状态数据分为训练样本集和验证样本集，通过 RBF 神经网络进行学习训练建立了该银行客户信用评价模型，在验证样本的模拟结果下，凸显 RBF 神经网络在个人信用评价中的良好拟合与分类效果。雍华（2021）对所有学者利用神经网络建立企业信用风险评价方法进行了综述分析。

知识学习方法在逼近能力和企业信用违约精度上均表现出优良的性能，但是基于知识学习的企业信用违约风险评价方法在实际应用中也存在一定的问题，一是实际使用的问题，知识学习算法是建立在较复杂理论的基础上，在对模型进行学习训练过程中，要不断地进行参数调整和设置，这样就要求使用者必须具有一定的专业知识积累，才能完成参数调整和设置。二是这些算法都需要大量的数据样本进行不断地学习，学习样本越多，分类精度也就越高。

第四节　企业信用违约预测方法研究

商业银行对企业进行企业信用违约风险评价应该是一个信息预测和信息融合的过程，前面所介绍的评价方法中，除了知识学习方法，其他方法更多注重的是直接将获得的信息进行融合的一个过程。因此，当采用知识学习方法进行企业信用违约风险评价时，则需要建立一个预测模型。预测与评价是相辅相成的，随着预测理论的发展，当前所建立的预测方法总数已经超过 30 种，但总体来说，预测方法分为两大类，一类是单一预测方法，另一类是组合预测方法。

一、单一预测方法

单一预测方法主要是指在进行企业信用发展趋势预测过程中，采用某一种预测方法进行预测。单一预测方法主要有以下几种：

一是时间序列预测方法。该方法是基于统计学的角度提出的一种预测方法，主要有自回归预测、指数平滑预测等方法。

二是灰色预测方法。该方法是邓聚龙教授在建立灰色理论的过程中建立的一种预测方法。灰色预测方法主要是通过对无规律的数据进行累加，使累加数据呈指数级增长，从而用微分方程进行模拟，最终实现数据趋势预测的方法，该方法的主要优势是建模需求数据少且模拟精度高。

三是回归预测。这种方法主要是通过建立企业违约状态与企业信用违约各影响因素之间的回归方程，来实现对企业信用的趋势预测。

四是神经网络预测或支持向量机预测。即，通过采集训练样本，建立神经网络预测模型或支持向量机预测模型。

二、组合预测方法

组合预测方法是在对企业信用违约状态进行预测过程中，多选择几种适用的单一预测方法分别进行预测，然后将所有单一预测结果进行组合加权，得到最终的企业信用违约综合评价结果。组合预测模型中的核心问题是组合权重的计算，当前，关于组合权重的计算主要有基于某优化目标计算最优组合权重、采用相关算子、基于相关距离公式或贴近度公式计算组合权重。

第三章　民营企业信用违约风险相关理论

民营企业信用违约风险评估与监测既是风险管理中的重点和难点问题，也是经济活动中必须面对的问题。有效地进行企业信用风险管理关系到民营企业的发展、金融秩序的稳定以及区域经济的稳定发展。因此，企业管理者、金融机构及政府管理者应加强民营企业信用风险管理意识，识别企业信用违约风险主要来源，解决这一难题首先应探讨企业信用违约风险的形成机理。

首先，本章对民营企业和民营企业信用违约进行了界定；其次，对民营企业信用违约成因相关理论进行阐述；最后，构建了企业信用违约与企业发展、金融风险与社会融资等相关理论分析，综合分析了民营企业信用违约形成的深层原因，引入民营企业信用风险形成的深层原因及行为动因，相关理论分析为后面章节模型建立和分析奠定理论基础。

第一节　民营企业信用违约风险相关概念界定

本章着重研究民营企业信用风险评价。在研究过程中会涉及一些重要的概念，学术界对民营企业的界定做了很多研究，取得了一些共识，至今研究中部分概念在学术界没有一个统一的口径。为了能够更准确地刻画所要研究的对象内涵，首先对本书中涉及的重要概念进行内涵和范围上的界定。

一、民营企业

民营企业是随着经济体制改革而产生的一种我国特有的企业组织形式。随着经济的发展，民营企业的含义和概念也在不断地发生变化。党的十八届三中全会正式使用“民营企业”一词，“民营企业”的概念从过去的民间用词到中央与国务院正式文件的使用，标志着民营企业在国家经济发展中的地位和作用日益凸显。据光明网统计，2019 年民营企业对国家税收的贡献占比达 50%以上，对 GDP 的贡献占比 60%以上，新增加就业和企业数量中民营企业占比达 90%以上，充分体现了民营经济的重要地位和作用。历经 30 多年的成长，目前民营企业是国民经济的重要组成部分。那么，到底什么样的企业是民营企业？笔者对国内学术界相关内容进行总结和梳理，关于民营企业的概念比较有代表性的有以下三个观点：

一是从生产资料所有制的角度来界定。该观点认为民营企业由其所有制的性质决定，如果一个企业的资本归一个自然人或者法人组织所有，自主经营、自负盈亏，在投资和收益权方面具有相对的独立性，这样的企业定义为民营企业。广义上理解为除国有企业以外的企业均可视为民营企业，具体包括个体企业、集体企业、乡镇或城镇企业、三资企业等。

二是从资产经营方式的层面上来界定。该观点认为民营企业不涉及生产资料的归属问题，只与企业的经营管理形式有关。在我国允许国有经济民营管理的形式，在经营活动中体现民营的宗旨，形式体现为国有民营、民有民营和混合所有民营。具体包括国有民营企业、个体企业、集体企业、乡镇或城镇企业、三资企业等。

三是兼顾以上两种观点。该观点认为单纯从生产资料所有制形式或者资产经营管理方式上定义民营企业，具有一定的片面性；认为民营企业重点体现在“民”上，不仅要考虑资产的所有制形式，还要考虑企业的资产经营方式，在资产所有制明确归属的前提下进行资产民营管理。因此民营企业定义为具有“民营”和“非国有”两种性质的企业。具体包括个体企业、集体企业、乡镇或城镇企业等，把国有民营企业和三资企业排除在外。

基于以上学者观点的分析，第三种观点更接近本书研究的民营企业类型。在本书实证研究中，基于数据的可得性和准确性，所用样本主要来源于沪深两市的民营企业上市公司。依据上市公司章程指引，按照企业的实际控制人的性质定义民营上市公司：企业的最终控制人具有民营性质的法人或者自然人，国家没有直接或间接控股的企业。所以本书所指的民营企业侧重于第三种观点定义的民营企业。

二、信用风险

信用风险是经济活动中一种重要的风险形式，指债务人未能履行契约中规定的条款造成债权人经济损失的可能性。信用风险存在于一切包含信用的经济活动中，是现代市场经济发展的重要特征。从广义的角度分析，信用风险即涵盖了商业银行贷款业务过程中，借款人不能按照借款合同规定的期限足额偿还本金和利息，而导致债权人遭受损失的风险；也包括债券市场上，债券发行主体未能按照契约规定的条款向投资人足额偿还本金和支付利息，而致使投资者遭受损失的可能性；还包括其他金融活动交易中的抵押、质押、互换业务及其他金融衍生品交易等，因交易一方未能履行契约条款而致使对方遭受损失的可能性。

出现风险的原因不尽相同，导致不同的风险类别。按照出现风险的原因不同可以将信用风险分为以下三种类别：

一是违约风险。债务人不能按照合同约定按期还本付息。债务人的信用风险尽管受经济周期、行业生命周期等宏观因素的影响，但是违约原因主要还是受债务人投资决策错误、管理能力不佳、财务状况恶化、流动资金不足以及债务人的还款意愿低等微观因素的影响。

二是市场风险。市场利率的变化直接影响债务人的信用风险。当市场利率上升时，债务人的融资成本和经营成本随之提高，企业利润空间变小，企业能够按期支付本息的可能性变小，信用风险增加，反之亦然。但市场风险可以通过期权、期货和互换等金融衍生工具进行风险分散和转移。

三是购买力风险。指实际发生的通货膨胀率高于预先估计的通货膨胀率给债务人带来的风险，本息收回后的购买力低于投资预期的购买力。此类风险也可以理解为市场风险，可以通过期权、期货和互换等金融衍生工具进行风险的分解和转移。

在以上三类风险中，市场风险和购买力风险可以通过相应的金融工具进行风险分散和转移，而违约风险不像市场风险容易衡量和控制。所以学术界对信用风险的量化和研究更多侧重于违约风险。从狭义的角度分析，信用风险又可以定义为违约风险，该风险也是金融风险中常见的主要类型。

管理和控制违约风险是国家、企业、金融工作者和投融资者所面临的重要课题。度量和管理风险的前提是掌握风险的特征。与市场风险、购买力风险等相比，违约风险具有以下三个特性：

一是非系统性。交易对手的违约风险虽然受市场、政治、行业周期等系统性因素的影响，这些系统性因素的影响也会通过违约风险体现，但是债务人的违约风险主要还是取决于企业的管理能力、财务状况、经营方式和还款意愿等非系统性因素。

二是信息不对称性。交易双方对相关信息内容的了解不对称。债务人任何时候都掌握更丰富及时的信息，并且对一些不利的信息进行刻意隐瞒。交易双方的信息不对称带来的道德风险对信用风险的形成有重要的推动作用。

三是传递性。交易双方的信用风险会传递给第三方。交易方甲的信用违约可能直接导致交易方乙的信用违约，交易方乙的信用违约可能会导致与之相关的交易方丙的信用违约，延续下去会形成一个信用风险链，所以一方信用违约会扩散到关联的多方信用违约的可能，信用风险呈几何级数增长。2008 年 9 月引爆全球的经济危机启示我们：信用风险是金融经济活动中破坏性最强的风险。

三、信用违约风险

目前我国债券规模居世界第二位，债务融资方式也有多种。债券主要包括国债、企业债券和公司债券等，其中，国债主要是由政府主体发行，企业债券和公司债券是由政府之外的主体发行。后者因为没有政府背书，整体违约风险也相对较高。债券的风险主要有利率风险、信用风险和流动性风险等，而债券市场的波动主要是由信用风险引起的。

债券违约风险指债券发行主体由于出现资金兑付困难，无法按照起初的约定偿还本金和利息，不能按照事先达成的债券协议履行其义务的行为，进而引起债券价格下跌，而这个风险也可以称作债权的信用风险。综观上市企业债券违约案例可知，企业上市公司在资本市场中的影响力较大，主体发生债券信用违约会直接加速股价的下跌，进而冲击资本市场秩序，因此一个上市企业债券违约风险和企业受到特殊处理（ST）往往是息息相关的。

本书中的债券市场的违约风险指发行债券的民营企业不能按契约规定按期足额偿付本金和支付利息，即民营企业债券违约的风险。基于上市企业债券违约风险和企业受到特殊处理（ST）的密切关系，本书为了数据的可得性和研究内容口径一致，研究的上市企业违约风险主体为沪深上市企业中受到特殊处理（ST）的民营上市企业和非 ST 的民营上市企业。

第二节　企业信用违约风险成因相关理论

已有的文献对于企业信用违约风险的研究主要集中在以下三个方面：①信息不对称理论。信息不对称理论是指由于企业与金融机构之间的信息不对称，引起企业的道德风险和逆向选择问题，导致信贷企业的信用违约行为的出现。②软预算约束理论。软预算约束理论指在企业贷款和投资经营过程中，其他组织相应承担了特定的风险。相关组织的经营活动和投资行为也会影响和改变企业的经营状况和行为。软预算约束理论将企业与相关投资者的利益联系在一起，是一个具有较好代表性的理论。③企业价值理论，又称企业财务困境理论。企业的违约风险与企业资产价值的波动性直接相联系，当企业资产价值低于其负债时，企业信贷违约行为就会发生。

一、信息不对称理论

信息不对称理论由著名经济学家阿克洛夫（Akerlof，1970）提出，该理论认为在经济交易活动过程中，信息不对称现象广泛存在于金融市场交易活动中，具体到企业信用违约案例，金融机构和投资者对企业信息的掌握来源于企业的财务报表和其他渠道的披露，无法获得企业准确的财务信息和非财务信息，因此无法对企业信用状况进行客观评估，对企业进行贷款和投资存在着一定的信用风险。

Stiglitz 和 Weiss（1981）指出，在借贷市场上，金融机构对贷款企业的还贷意愿、还贷能力、企业经营项目风险等方面的客观信息掌握程度远远低于贷款企业，贷款企业处于信息垄断地位。唐建新和陈冬（2007）认为，信息不对称问题在中小企业融资中的信息问题远比大企业严重，因为中小企业治理结构不健全、经营的不稳定性、没有专门的部门和专业人员收集和整理信息等决定了中小企业信息获取的难度和信息传递容易失真。宋熔扶（2007）认为，在信贷市场中，由于借款企业与金融机构之间存在信息不对称，金融机构缺乏对借款企业真实的经营和财务状况的了解，而借款企业对自身经营状况、财务状况、偿债能力和历史信用水平非常了解，在借贷过程中企业处于信息的垄断地位，而金融机构面临因信息不对称使信贷的交易成本加大。

信息不对称问题会导致金融市场失灵。主要原因如下：首先，由于我国信用体系和信用制度环境处于初级阶段，企业信用违约受到的惩罚力度与违约成本不匹配，造成企业选择信贷违约行为；其次，企业财务信息的披露方式和信息传递机制不规范，导致金融机构收集相应的财务信息和其他有关信息成本过高；最后，企业和投资者风险收益不对称导致企业信用违约。例如，部分企业由于经营产品和拥有的技术单一，经营业绩极不稳定，导致其信用违约风险较高。

二、软预算约束理论

软预算约束理论指企业发生亏损后，政府或其贷款人对亏损企业进行挽救的行为。其在20世纪60年代诞生于西方国家，影响和改变了许多西方国家企业的管理模式。西方学者从不同角度对软预算约束理论的成因进行了剖析，为理解政府、金融机构与企业的软预算约束机制做出了贡献。软预算约束理论最早是由Kornai（1979）提出的，指社会主义国家中企业发生亏损后，政府或其贷款人对亏损企业进行挽救的行为。接着许多学者对软预算约束理论的成因做了大量的分析研究。Shleifer和Vishny（1994）关于软预算约束的研究认为，政府为了实现其诸如创造就业机会、降低失业比率等非经济目标，可能会提供资金补贴企业和银行，或者对企业和银行予以政策上的优惠。黄海洲和许成钢（1999）提出了用软预算约束来解释东亚金融危机的完整理论。Kornai等（2003）认为，违约后再融资的收益超过信贷违约清算的收益，导致银行为企业再贷款成为可能，也成为企业的不履行合约的根源之一。黄志豪（2007）认为，存在软预算约束是因为沉没成本的存在使贷款主体事后选择是救助而非清算。综上所述，该理论认为：软预算约束出现的根源在于银行对企业的投资项目进行清算存在沉没成本，再融资的收益超过清算的收益，银行基于利益角度考虑，为企业再贷款成为可能，这成为企业的信用违约的根源之一。政府对企业实施软预算约束的目的是保障就业和社会稳定等政治因素，可能会对贷款企业和银行提供资金或政策上的优惠。

软预算约束理论还认为，企业在贷款和投资经营过程中，其他组织相应承担了特定的风险。相关组织的经营活动和投资行为也会影响和改变企业的经营状况和行为。软预算约束理论将企业与相关投资者的利益联系在一起，是一个具有较好代表性的理论。对于企业来说，相关投资者、债权人、政府部门等共同承担该企业经营风险，有权利和义务对企业的经营活动进行督促和监督，因为这些组织的利益与企业经营发展密切相关。企业信用违约行为不仅影响企业自身的利益，还会影响其他相关组织的利益。

三、企业价值理论

企业价值理论（企业财务困境）是指企业的经营收入和运营成本费用出现较大偏差，成本费用远大于经营收入，出现企业财务困境的情况。企业陷入财务困境的原因大致如下：经营决策失误、公司管理不力、财务制度不完善、资产配比较差等。财务困境按照性质不同可以分为亏损型财务困境和盈利型财务困境。亏损型财务困境是企业由于经营决策失误导致的企业资金不足，无法偿付到期各项债务，最终导致企业的破产；盈利型财务困境是由于企业超常发展，进行过度投资，应收账款规模扩大，回收周期较长，进而出现自有资金不足，导致资产规模和负债规模过大，出现企业形式上盈利、账面上亏损的情况，进入财务恶性循环。

Merton（1974）应用 Black 和 Scholes（1973）与 Merton（1973）的期权定价理论，创立了贷款和债券估值方法，假定受信企业资产市场价值为几何布朗运动（GBM），当企业价值低于企业负债的账面值时，企业将不会履行信贷合约。由此，企业违约概率等于企业价值低于企业负债的账面值的概率。Farag 和 Flemings（1975）将企业价值与可观测的企业市值联系起来，将企业价值波动与企业股权收益联系起来，企业违约仅发生在信贷合约到期日，合约存活期间不存在违约行为。Black 和 Cox（1976）在模型中引入了更复杂的资本结构，对 Meton 假设进行放宽，假定一旦企业价值低于某一指定值企业，无论合约是否到期，企业都不会履行合约。显然，Black 和 Cox 的假设更为贴近现实。黄志豪（2007）假定当企业价值低于某一预设值时企业将不会履行信贷合约，并假定企业价值为一连续随机过程。将企业信贷违约行为与企业现金流量状况联系起来，企业价值为企业净现金流入的贴现值。

企业价值理论遵循企业发展价值规律，以企业价值最大化为管理目标。企业信用违约行为受企业的价值规律驱使，因此企业违约与否与企业资产价值大小密切相关。企业资产价值越高，企业信用违约行为发生概率越低；企业资产价值越低，企业信用违约行为发生概率越高。对于企业和相关组织来说，建立企业信用违约风险评估，对企业的价值大小进行判断，进而对企业的信用违约风险评价和监测都是非常有必要的。

第三节　企业信用违约风险发展相关理论

一、信用违约与企业发展

市场经济的正常运转是建立在信用关系之上的，无论是商业活动的进行还是人际关系的保持，都是以合作双方均具有较高的信用为前提的，因此，信用在很大程度上决定了资源的配置和企业行为的约束。企业在实施商业活动过程中，无论是提供商品类的实物交易还是服务类的虚拟交易，根据商业活动规则，均存在服务在前、费用支付滞后的情形，这就需要交易双方的关系是建立在互信基础上，否则难以维持双方的交易活动。可见，市场经济的正常运转是建立在交易双方互信的基础上，只有双方建立了可靠的互信关系或是通过第三方担保建立互信关系，才能保证经济活动的正常运行，可见，企业信用对企业的生存和发展具有重要的意义。

为了有效规范企业和个人的经济活动，保护企业和个人的合法权益，推进社会信用体系建设，2013 年 1 月 21 日，国务院发布了《征信业管理条例》，并自 2013 年 3 月 15 日起实施。《征信业管理条例》的实施使企业和个人的信用信息被采集和记录，使交易双方能通过征信管理系统查询交易双方的信用状态，从而能有效地判别企业信用风险，为双方的交易提供了安全保障。随着我国信用体系建设日趋完善，企业与个人的信用信息的使用频率越来越高、使用范围也越来越广，在与其他企业进行交易或借款时，查询对方的征信信息是必选的风险控制活动，说明企业征信信息的重要性越来越大。作为企业法人，其信用信息不仅影响着企业的融资，还涉及企业法人的个人消费限制。为规范征信业务机器相关活动，特别是加强对企业和个人的信用信息进行采集、整理、保存、加工的规范性，中国人民银行第 9 次行务会议于2021年9月17日审议通过了《征信业务管理办法》，并自2022年1月1日起实施，使对企业和个人的征信信息的采集、使用和管理更为规范，在征信使用上也有据可依。

企业信用的好坏不仅关系到企业的交易，还关系到企业的融资成本。企业在开展产品生产活动或加大企业技术创新研究时，可能需要较大的资金量，企业不可能完全利用自有流动资金解决突然增加的资金量，这就需要多渠道融资。如果企业具有较好的征信，不仅能降低其融资成本，还能加快融资程度，一旦企业出现信用违约的现象，那么该企业的融资成本肯定会增加，甚至难以融到所需要的资金量，阻碍企业的生产扩大或技术创新步伐，严重影响企业的生产活动，可见，企业的信用违约对企业发展具有重要的影响。各学者也从不同的角度研究了企业信用违约对企业发展的影响。

自民营企业出现信用违约现象后，债券市场的恐慌度增加，直接增加了民营企业的融资成本。为解决民营企业融资难的问题，国家出台了信用风险缓释凭证的融资支持工具，单科举（2020）详细介绍了信用风险缓释凭证出台的背景和对解决民营企业融资难的积极推动作用，但也指出信用风险缓释凭证在实际实施中存在一定的实践难题，并针对这些实施问题进行了分析，给出了解决问题的对策建议。为解决企业信用违约造成的企业融资问题，国家金融监管部门出台了一系列破解企业融资难问题的金融衍生品。马东升和刘洋（2019）对这些信用衍生品的特点进行了分析，指出其在避免企业信用违约方面具有一定的积极作用，但在实施过程中依然存在经验不足、难以实际实施等问题，并给出了具体的实施对策。李新平（2017）通过对湖南民营企业特别是出现信用违约民营企业的融资情况进行调研后发现，在企业出现信用违约情况后，将严重影响企业从金融服务机构融资和民间借贷，其指出，如果企业出现信用违约，将影响金融服务机构对企业的信用评级，且该评级直接进入金融服务机构的信用评级系统，各金融服务机构均能查询，直接降低金融服务机构对企业的贷款额度。虽然民间借贷具有一定的盲目性和不规范性，且多以口头协议和借条形式存在，不影响企业在金融服务机构征信系统中的征信，但民间借贷具有利率高、借贷个体多的特点，如果企业出现违约、不能及时还款，在资金量较大的情况下，容易产生不良的社会影响，会倒逼政府出面干涉，影响企业声誉；即便资金量小，在企业出现信用违约的时候，也会出现口头传播的负面宣传，影响企业的后期民间融资。企业信用违约还会影响企业的债券发行，对于一些大型企业，特别是上市公司，会通过发行债券融资，一旦出现信用违约的情况，则会增加企业债券发行的难度和发行成本，不仅影响企业的盈利能力，还可能影响企业的生产经营。企业的信用违约也影响着社会金融市场的信心，损害借贷方的借贷信心，使金融服务机构在贷款审批过程中更加严格，甚至会额外增加审查调节，不仅影响违约企业的后续融资，也会增加一些未违约企业的融资难度和融资成本。翟玲玲和吴育辉（2021）分析了上市公司的信用评级与企业融资之间的关系，指出经过信用评级且处于高级别信用的企业，其融资更为容易，也更能促进企业的并购，一旦企业出现信用违约导致企业信用评级下降，则企业的融资难度显著增加。梅冬州等（2021）通过对金融危机期间的财政扩张计划对民营企业融资的影响进行分析，发现实施财政扩张并不能降低企业的融资成本，还会增加民营企业的信用违约率，难以解决民营企业的融资困境。

二、信用违约与金融风险

金融机构的风险主要是贷款企业信用违约带来的损失的可能性。各种不确定因素使贷款资金有蒙受损失的可能性，在对贷款企业进行信贷经营与管理过程中，实际收益目标与预期收益目标背离的可能性大小，又指银行对企业贷款资金的损失比例大小，因为企业信用问题本来就是经济运行过程中特定产物，因此金融风险也是特定经济机制下的必然现象。金融机构信用风险是客观存在的不确定性。金融机构信用风险与其行为目标、经济环境和决策方式息息相关，并且具有一定的可控性。因此，金融信用风险主要是指经济运行中的动态风险，并非单纯的主体自身决策问题，还涉及非对称信息下经济主体之间的信用风险博弈问题。

我国目前民营企业的主要融资渠道仍然是银行等金融机构，所以民营企业在发展过程中面临的金融风险主要是指民营企业贷款违约风险。这类风险的重要诱因包括经济下行带来的压力、政府对国企的预算软约束、信息不对称引发的逆向选择和道德风险等。经济下行带来的压力是宏观环境造成的风险，政府对国有企业的预算约束也是经济政策带来的金融风险，这两者不是本书讨论的内容，本书主要讨论民营企业与金融机构信息不对称性引发的逆向选择和道德风险带来的金融风险，该类风险严重威胁着中国的金融安全和经济社会的持续发展。此类金融风险具有一定程度的可控性和防范性等特征。

改进民营企业融资环境和提高社会信用文化的发展是防范金融风险的两大关键环节，可以有效地提升金融市场的资源配置效率，推动金融健康发展，促进国民经济的进步。控制金融风险与支持民营企业融资之间存在矛盾，金融风险可控时，企业融资难度就大，其主要原因是双方存在利益冲突。过度地防控金融风险而忽视民营企业融资政策的执行，将导致两者的失衡。解决该问题的本质是在金融体系的效率性与稳定性之间寻找一个合理的平衡点：在金融风险可控的基础上降低民营企业融资难度，这种状态是防范金融风险与优化民营企业融资环境的最理想状态。从目前民营企业融资现状来看，这种理想状态并没有常态化，主要原因是政府管理体制、金融监管结构等在金融治理过程中存在较大的局限性，在金融治理过程中要实现多项治理任务目标，难以实现防范、化解金融风险与优化民营企业融资环境理想的平衡状态。

三、信用违约与社会融资

民营企业目前是我国经济发展与社会进步的主力军，民营企业的发展关系到我国经济的健康发展、经济结构的转型升级以及社会的稳定等。民营企业信用违约率相对较高，对经济发展有一定冲击；民营企业潜在的高信用违约风险导致民营企业融资难、融资贵，金融机构从自身发展目标出发，对民营企业贷款比较消极，对市场经济的稳定发展带来一定负面影响。当前民营企业融资难问题已成为民营企业发展的瓶颈，民营企业在信贷市场上相对于国有大中型企业及合资企业处于劣势地位，融资需求难以得到满足。民营企业融资难、融资贵现象背后有着复杂的经济、制度和社会等多方面的因素。这些因素中有企业自身的原因，也有金融体制及两者之间的信息不对称性等多方面的因素。

（一）民营企业自身的特点

民营企业相对于国有企业，通常规模较小、产品单一、负债比例高、可用于抵押的资产少，这决定了企业的市场地位及市场竞争力，导致企业经营的稳定性及抵抗环境波动的能力弱，经营风险较高，金融机构对民营企业的贷款具有很高的信用违约风险。虽然目前融资渠道多元化，但是基于民营企业自身的特点，金融机构仍然是民营企业主要的融资渠道。金融机构从自身经营的目标经济利益最大化角度考虑，民营企业的贷款需求难以获得金融机构的支持。

（二）金融机构信贷风险管理机制

金融机构以利益最大化为经营原则，信贷额度大部分投向风险小、经营稳定的大型国有企业。对于民营企业信用信息了解不深入，贷款风险大，影响金融机构对民营企业的贷款积极性。金融机构为防控信贷风险，实行贷款风险责任终身负责制度，工作人员为了自身利益，会谨慎地对待每一笔贷款，对民营企业和中小企业的贷款申请审核更加谨慎。民营企业的贷款风险与大型国有企业具有很大的差异性，大型国有企业的信用评价模型不适用于民营企业。我国金融机构缺乏对民营企业信用评价的客观方法和模型，限制了民营企业的融资渠道和能力。

（三）金融机构与民营企业之间的信息不对称性

信息不对称理论指交易双方由于信息不对称性对交易行为及运行结果产生的重要影响，在金融市场领域是常见的一种交易现象。信息不对称理论主要有三种情况：一是交易双方均未获得充分信息；二是双方获得的交易信息不一致，一方获得信息的量多于另外一方；三是交易双方对掌握信息的相对地位是清楚的。在金融领域，“信息不对称”是金融理论的重要组成部分，其中主要不对称信息反映为企业作为借款者掌握的信息比金融机构多，即借款者相对于贷款者来说具有信息优势。这种优势使金融机构在交易过程中处于不利地位，金融机构往往根据借款企业以往的历史信息来判断借款者的信用情况，这种状况在交易过程中会产生逆向选择和道德风险，交易信息不对称性的存在严重影响市场运行效率。

信息充分了解是金融机构对企业贷款的基本前提条件，现实情况导致金融机构对民营企业的财务状况和经营信息很难全面准确地掌握。因为民营企业多是合伙制企业或者家族式企业，企业管理者监督成本和管理成本较低，家族成员既是企业的所有者，又是企业的经营者，企业无专门的数据收集和处理人员。一些企业的财务制度不健全，导致企业的财务数据不真实，企业与银行之间存在严重的信息不对称性。基于信息不对称的前提，民营企业向金融机构申请贷款时，为了获得贷款审批，企业会对经营效益和偿还贷款的能力进行粉饰，银行基于财务数据对企业进行授信评估，确定是否授信及授信额度。此时银行和企业之间存在不完全信息博弈。银行对企业财务数据进行审查时，对企业的经营效益和偿债能力无法给予客观的评价，银行等金融机构难以获得真实的企业信用状况。这样也使一些经营较好的民营企业难以取得金融机构的信任。银行基于风险防控的要求，对民营企业的贷款意向并不强，使民营企业融资渠道和融资能力极为受限。

基于以上对影响民营企业融资难问题的原因进行分析，主要从企业自身因素、金融机构的体制因素以及企业与金融机构之间信息不对称性进行分析，并提出导致民营企业融资难问题的主要原因是金融机构与企业之间信息不对称性问题。目前解决两者之间的信息不对称性问题的关键是：建立健全的民营企业财务制度，建立合适的民营企业信用风险评价模型，准确客观地量化民营企业的信用违约风险，判别企业的经营效益和偿债能力及愿望，进一步决定对相关的民营企业授信与否及确定授信额度，彻底解决企业和金融机构之间的信息不对称性问题，进而缓解和解决民营企业的融资难问题。由于信息非对称性导致交易行为和交易效率大大降低，研究者已经认识到事前的财务和非财务信息获取、企业信用风险的模型的设立、事中的贷款企业经营监控及事后的贷款追还只有紧密协同起来，才能取得良好的风险控制效果。

关于企业信用违约的研究，已有研究文献主要集中在以下两个方面：一是贷款企业有能力还贷，但受利益的诱惑，故意隐瞒信息或制造虚假信息或私自改变借款用途进行投机主义行为，由于金融机构与贷款企业双方之间的信息不对称，引起企业的逆向选择与道德风险问题，导致企业的信用主动违约行为的出现。二是宏观经济因素会影响信用交易对手的市场地位、财务状况，进而影响其偿债能力，企业微观因素如企业决策失误、经营不善导致无法履行信贷合同，也可能导致企业被动的信用违约。该类研究主要是从企业财务变量分析，运用相关模型预先判别企业发生信用违约的概率。

企业信用风险的管理发展是从以前定性分析转化为定量分析。根据以往研究文献及以上理论分析，认为宏观环境、经济体制、经济主体等因素对信用风险有较大的影响，企业信用违约预测方法研究是信用风险管理研究的重要组成部分。建立健全的民营企业财务制度，建立合适的民营企业信用风险评价模型，准确客观地量化民营企业的信用违约风险，是进行企业信用违约判别分析的关键。目前解决金融机构与企业间信息不对称的方法是建立民营企业信用风险量化模型，通过信用风险判别模型提高金融机构对民营企业的信用风险判别准确率，解决两者之间的信息不对称问题，进而解决民营企业的融资难问题。

研究成果是学者从不同的角度考虑所构建的信用风险评价体系，通过对学者现有的研究成果和国际通用的企业信用风险评价指标体系的分析可以看出，这些企业信用违约风险评价指标在建立过程中，主要考虑的是大中型企业，国内的文献更多考虑的也是国有大中型企业，很少关注到民营企业和小微企业。因此，这些指标更适用于大中型国有企业，而对作为经济运营主体和做出重要贡献的民营企业并不适用。一方面，在“支持民营企业毫不动摇”的大好政策下，国家对民营企业发展提供了良好的成长环境，促进民营企业发展的各种优惠政策相继被提出，使民营企业像雨后春笋一样快速成立和成长起来，并逐渐发展成为中国经济改革的主旋律之一，成为繁荣经济、优化产业结构、扩大就业、促进科技创新的重要举措和有力推动器。在当前形势下，民营企业在我国经济主体中的地位不可小觑。为贯彻落实国家促进民营企业发展政策，国家出台了一系列宏观经济政策和微观经济政策，金融机构也积极响应国家政策相应出台了一系列的扶持政策，构成了民营企业的金融支持体系，为民营企业的发展注入了强劲的驱动力。另一方面，因为民营企业更多的是处于发展阶段，其具有产业规模小、专业人才缺乏等特点，导致民营企业的抗风险能力弱、可用于抵押的资产少、可用于借鉴的信用信息少，无形中会增加金融服务机构和投资者的运营风险。因此，在制定企业的信用违约风险评价指标体系过程中，应该切实了解当前的市场经营主体的组成变动情况，根据当前市场经营主体的实际情况，制定一套符合当前国情的民营企业信用违约风险评价指标体系，即在建立企业信用违约风险评价指标体系的过程中，不仅要从大中型企业的经营状况和信用违约状况考虑，还应该从民营企业的实际状况出发，构建一套适用于民营企业的信用违约风险评价指标体系，且在建立指标体系的过程中，还应该选择切实能描述民营企业是否显著呈现发生信用违约风险的指标。基于以上分析，本书尝试构建一套更符合当前我国市场经营主体的民营企业信用违约风险评价指标体系。

第四章　民营企业信用违约风险评价监测指标体系构建

加强对民营企业信用违约的评价和趋势预测，能够有效避免金融机构和投资者的损失，降低金融机构和投资者的经营风险。一方面，能让金融机构和投资者切实了解其所面对的企业的信用风险现状和发展趋势，评价结果对促进金融服务机构的风险管控以及降低金融机构自身的运营风险和减少投资者的损失风险具有重要的参考价值；另一方面，金融服务机构也可以根据民营企业信用违约风险评价结果，对相关企业进行信用违约监测，促进相关企业对自身运营进行改进和调整，以有效避免企业信用违约事件的发生。对民营企业的信用违约趋势进行客观评价和预测，是降低金融机构运营风险和减少投资者的损失风险的关键之处，也是督促企业进行改进和整改的关键的重要机遇。因此，构建科学的民营企业信用动态违约评价体系具有重要的理论意义和现实意义。

第一节　指标体系构建原则与方法

一、指标体系构建原则

企业信用违约风险评价指标体系是进行企业信用违约风险动态评价的基

础。企业信用违约风险评价的最终结果应该是一个可以量化的结果，这就需要根据企业信用违约风险评价的需求，找到能相互补充的指标共同反映企业当前和未来的信用状态，从而构成信用违约的评价指标体系。

在构建企业信用违约风险评价指标体系时，指标体系合理与否直接影响信用评价结果。如果所选择的评价指标数量过少，指标体系会遗漏一些重要指标；如果所选择的评价指标数量过多，所选指标之间有较强的相关关系，可能会削弱关键指标对企业违约识别的能力。为了能够客观、全面地对企业的信用违约风险进行评价，在构建企业信用违约风险评估指标体系时，应该遵循如下的指标筛选原则：

一是全面性原则。为体现影响企业信用评价因素全面性原则，通过认真阅读和研究相关参考文献，结合民营企业的信用风险的特征，综合分析发现了一些新的影响民营企业信用风险评估的因素，因此在综述文献的基础上加入了一些影响民营企业信用风险的新因素。在选择指标的过程中，既要求指标全面又要求指标尽可能精简，找最核心、最能显著反映企业是否存在信用违约的指标，防止所选择指标具有重复评价的可能性。

二是客观性原则。要求所筛选的指标能真实地反映企业的信用状况，且所选择的指标要真实描述民营企业的运营状况和财务状况。构成的指标体系要尊重所研究对象的客观性和真实性，要能客观地反映研究企业的信用特征，从而使评价结果更客观和更真实。

三是综合性原则。评价指标应该综合考虑影响企业信用的各种主要因素，确定不同等级的评价层次，构成一个较完整的综合的评价指标体系，进而对研究企业的信用状况给予客观的评价和分析。

四是可操作性原则。要求所筛选出来的指标要具有可操作性，各指标的评价值便于量化，能对所研究企业的指标数据通过企业、金融机构和财经数据库相关信息渠道进行收集、统计，较为方便或低成本地获得评价数据，尽可能使用第一手资料，这样才能保证数据真实有效，评价结果更可靠。

五是动态性原则。企业信用违约风险评价应该是一个动态的评价过程，也就是企业发生信用违约，其实与企业经营状态有关，因此必须从发展的角度来看待企业的信用违约状态。这就要求在确定企业信用违约风险评价指标体系的过程中，不仅要坚持以上所提到的全面性原则、客观性原则、动态性原则、综合性原则和可操作性原则，还应该注重企业的动态发展。

二、指标体系筛选方法

（一）指标标准化处理

1. 定性指标的标准化处理

定性指标不能通过模型进行直接计算，如企业管理人的学历、行业从业年限、企业专利数等指标，需要进行预先处理。将定性指标按照类别或者数值进行归类划分，并对同一类别的研究对象进行统一赋值，为了和定量指标进行数据上的统一，把赋值区间定义为（0，100），这样就可以用于模型计算。

2. 定量指标的标准化处理

定量指标是指可以用数值衡量并且数值大小具有实际的经济意义。企业信用评价定量指标有效益型（正向）和成本型（负向）之分，且有些定量指标还是区间型的指标，因此，需要对这些定量指标进行标准化处理。正向型指标的数值越大越好；负向型指标的数值越小越好；区间型指标的数值并不是越大越好，也不是越小越好，而是指标数值分布在某一特定区间内最好，区间之外的指标数值离区间越近越好。

在给出标准化公式之前，先给出相关符号说明：y_{ij} 表示第 i 个指标下采集到的第 j 个企业的原始数据。x_{ij} 则表示第 i 个指标下标准化后的第 j 个企业的标准化数据。$(y_i^-，y_i^+)$ 表示区间数。其中，y_i^-，y_i^+ 分别为该区间数的下界和上界。本书采用如下的标准化公式对指标值进行标准化：

对于正向型指标：

$$x_{ij}=\frac{y_{ij}-\min\limits_{j=1,2,\cdots,n}\{x_{ij}\}}{\max\limits_{j=1,2,\cdots,n}\{y_{ij}\}-\min\limits_{j=1,2,\cdots,n}\{y_{ij}\}}\times 100 \tag{4-1}$$

对于负向型指标：

$$x_{ij}=\frac{\max\limits_{j=1,2,\cdots,n}\{y_{ij}\}-y_{ij}}{\max\limits_{j=1,2,\cdots,n}\{y_{ij}\}-\min\limits_{j=1,2,\cdots,n}\{y_{ij}\}}\times 100 \tag{4-2}$$

对于区间型指标：

$$x_{ij}=100\times\begin{cases}1-\dfrac{y_i^- - y_{ij}}{\max\limits_{j=1,2,\cdots,n}\{y_i^- - \min\limits_{j=1,2,\cdots,n}\{y_{ij}\},\ \max\limits_{j=1,2,\cdots,n}\{y_{ij}\}-y_i^+\}} & y_{ij}<y_i^- \\ 1-\dfrac{y_{ij}-y_i^+}{\max\limits_{j=1,2,\cdots,n}\{y_i^- - \min\limits_{j=1,2,\cdots,n}\{y_{ij}\},\ \max\limits_{j=1,2,\cdots,n}\{y_{ij}\}-y_i^+\}} & y_{ij}>y_i^+ \\ 1 & y_i^- \leqslant y_{ij}\leqslant y_i^+\end{cases} \tag{4-3}$$

定量指标的标准化处理是指将指标原始数据转化为标准化数据。数据标准化处理有两点好处：一是无量纲化处理，消除了由于指标单位大小差异对评价结果的影响。例如，人均可支配收入的数值在5000～50000元，恩格尔系数的数值介于20%～60%，而两个指标之间的这种单位和量级间的差异可以通过标准化处理消除。二是通过标准化处理，正向型指标、负向型指标和区间型指标均转化为无量纲的、可比较的正向指标。定性指标和定量指标经过以上标准化处理后，所有的指标值都变成了（0，100）区间内的正向型指标，即所有指标均是越大越好。

海选指标集是结合国内外大型信用评价机构评价体系、国内大型金融机构信用评价体系、现有相关研究成果的文献综合、本书研究对象的特征以及笔者个人分析总结，获取信用评价初选指标集的过程。本书建立信用评价指标海选指标时，尽可能地列出涉及企业信用违约风险评价的所有指标，有些指标在国内大型信用评价机构的指标体系中从未出现过，在相关的学术研究中也未曾出现过。比如，在企业贷款状况指标中，增加了知识产权抵押这一个新的指标；在企业发展潜力中，新增加了企业创新能力、企业与企业相关的协同合作度、企业专利数据等指标；基于目前企业发展外部环境的巨大变化，在企业生存环境指标中，增加了网络环境指标；还有管理人的情感语调等民营企业特征性指标。为了尽可能保证海选指标集的全面性，本书将这些指标均收录到海选指标集中，并初步建立了一个包括52个初选指标的指标体系。在指标初步选择过程中，并不能完全避免指标之间的重复描述。因此，需要对初选指标集进行筛选。

（二）指标筛选算法及其原理

本书首先采用变异系数法对初选指标进行第一次筛选。变异系数法用来衡量企业的信用违约数据之间的变异程度。如果被评价的所有企业在该指标下的评价值存在较大的变异性，说明该指标下各个企业的信用违约风险评价信息变异性较大，信息含量也比较丰富，该指标对最终的企业信用违约风险评价应该具有更强的辨析能力，该指标应可以初步保留的；相反，如果计算得到某一个信用违约风险评价指标的变异系数很小，则说明该指标下所有被评价企业的评价结果相近，则该指标对最终的企业信用违约风险评价结果没有多大的影响，该指标应该是可以删除的。变异系数法能初步剔除包含信息量少、不能切实反映企业信用违约状态的指标，但该方法不能有效反映各个指标之间的相关性大小。因此，必须采用一种能有效描述指标之间相关性的度量方法，对所选指标进行相关性检验，从而实现剔除相关性较强的指标，选择一些典型的、具有代表性的指标。

基于变异系数法的不足提出灰色关联度指标筛选方法。灰色关联度是根据研究指标之间的发展趋势相似或者相异程度衡量指标之间的关系大小。根据样本数据的趋势特点量化指标之间的关系，比较适合动态历程指标之间关系程度的衡量。下面分别给出变异系数的指标筛选方法和基于灰色关联度的指标筛选方法：

1. 变异系数指标筛选方法

（1）评价数据的获取。设经过标准化处理后的信用违约风险评价数据为：

$$\begin{bmatrix} x_{11} & x_{12} & \cdots & x_{1,n-1} & x_{1n} \\ x_{21} & x_{22} & \cdots & x_{2,n-1} & x_{2n} \\ \vdots & \vdots & \ddots & \vdots & \vdots \\ x_{52,1} & x_{52,2} & \cdots & x_{52,n-1} & x_{52,n} \end{bmatrix} = \begin{bmatrix} x_1 \\ x_2 \\ \vdots \\ x_{52} \end{bmatrix} \tag{4-4}$$

（2）变异系数的计算。针对第 i 个指标下的被评价企业信用违约风险评价值构成的向量 x_i 分别计算其均值和标准差，即：

$$\text{均值：}\bar{x}_i = \frac{1}{n}\sum_{k=1}^{n} x_{ik} \tag{4-5}$$

$$\text{标准差：}S_i = \sqrt{\frac{1}{n-1}\sum_{k=1}^{n}(x_{ik} - \bar{x}_i)^2} \tag{4-6}$$

在分别计算出每个指标下评价向量的均值和标准差之后，就能计算出该指标下评价数据之间的变异系数：

$$V_i = \frac{S_i}{\bar{x}_i} \tag{4-7}$$

（3）指标的筛选。给定阈值 $\delta>0$，当变异系数 $V_i<\delta$ 时，则说明该指标所包含的信息量有限，不能有效评价企业的信用违约状态，可以对该指标进行删除，否则，保留该指标。对于阈值 $\delta>0$ 的选择，根据样本数据特点和借鉴相关研究的经验一般选择一个合适的数值，以实现对指标的剔除。

2. 灰色关联度指标筛选方法

采用变异系数法对初选的 52 个指标进行第一次筛选后，设剩下 m 个指标，随后，采用灰色关联度方法对剩下的 m 个指标进行第二次筛选。下面给出基于灰色关联度的指标筛选方法。

（1）评价数据的获取。设经过变异系数法筛选后的信用违约风险评价数据为：

$$\begin{bmatrix} x_{11} & x_{12} & \cdots & x_{1n} \\ x_{21} & x_{22} & \cdots & x_{2n} \\ \vdots & \vdots & \ddots & \vdots \\ x_{m1} & x_{m2} & \cdots & x_{mn} \end{bmatrix} = \begin{bmatrix} x_1 \\ x_2 \\ \vdots \\ x_m \end{bmatrix} \tag{4-8}$$

（2）相关系数的计算。将第 i 个指标下的企业信用违约风险评价值构成的向量 x_i 作为参考序列，即：

$$x_i = (x_{i1},\ x_{i2},\ \cdots,\ x_{in}) \tag{4-9}$$

将剩下的 $m-1$ 个向量作为比较序列，即：

$$x_1=(x_{11},\ x_{12},\ \cdots,\ x_{1n})$$
$$\vdots$$
$$x_{i-1}=(x_{i-1,1},\ x_{i-1,2},\ \cdots,\ x_{i-1,n}) \tag{4-10}$$
$$x_{i+1}=(x_{i+1,1},\ x_{i+1,2},\ \cdots,\ x_{i+1,n})$$
$$\vdots$$
$$x_m=(x_{m,1},\ x_{m,2},\ \cdots,\ x_{m,n})$$

给定分辨系数$\rho\in[0,\ 1]$，令：

$$\Delta_{\min}=\min_j\min_k|x_{ik}-x_{jk}| \tag{4-11}$$

$$\Delta_{\max}=\max_j\max_k|x_{ik}-x_{jk}| \tag{4-12}$$

则针对第k个企业，在第j个比较指标与参考指标（第i个指标）之间的灰关联系数为：

$$\xi_{ij}(k)=\frac{\Delta_{\min}+\rho\Delta_{\max}}{|x_{ik}-x_{jk}|+\rho\Delta_{\max}} \tag{4-13}$$

对所有企业下的灰色关联度取均值，即可得到第j个比较指标与参考指标（第i个指标）之间的灰色关联度为：

$$r_{ij}=\frac{1}{n}\sum_{k=1}^{n}\xi_{ij}(k) \tag{4-14}$$

依次令$i=1,\ 2,\ \cdots,\ m$，则可得到如下灰色关联度矩阵（见表4-1）。

表 4-1 灰色关联度矩阵

灰色关联度 r_{ij}	指标 X_1	指标 X_2	…	指标 X_m
指标 X_1	1	r_{12}	…	r_{1m}
指标 X_2	r_{21}	1	…	r_{2m}
…	…	…	1	…
指标 X_m	r_{m1}	r_{m2}	…	1

（3）指标的筛选。一般来说，两个指标之间的灰色关联度越大，说明两者之间的关联性也就越大，则两个指标可以只用其中一个指标代替。基于该原理，给定阈值$\eta>0$，当两个指标之间的灰色关联度$r_{ij}>\eta$时，则说明第i个

指标与第 j 个指标的关联度很大，可以对其中一个指标进行删除，如果多个指标之间的灰色关联度均满足该条件，则只保留一个指标即可。根据表 4-1 的数据可以看出，同一个指标与自身的灰色关联度为 1，因此，在阈值 η 的选择上，借鉴相关文献和研究样本数据特点可以选择 η 介于 0.8 到 1 之间。

第二节 指标筛选及体系构建

国内外关于企业信用评价的研究是以大型国有上市企业为研究对象最普遍，而专门针对民营企业信用评价的研究比较少，其中一个重要原因是民营企业的样本数据获取比较困难。因此，本书借鉴前期研究成果，基于数据的规范性和可得性，选取 2015~2019 年我国 A 股上市公司作为样本来源，以沪深两市 ST 和非 ST 民营上市企业为研究对象。ST 公司指上市公司出现财务状况异常或其他状况异常。财务状况异常主要指：连续两个会计年度企业净利润是负的，每股净资产为负，即资不抵债。基于本书研究需要，选择因财务原因首次被特别处理的公司。上市公司若发生连续两年亏损意味着蕴含较大风险，公司已经陷入财务危机可能破产，也可能被兼并或重组，公司经营失败。因此，本书定义被 ST 的上市公司信用评价为违约，非 ST 企业信用评价为非违约。

为了研究需要，本书对所得样本作进一步遴选：在 ST 公司中剔除（t-5）年至（t-2）年期间发生过重大资产重组的公司；剔除 2015~2019 年数据缺失的公司。最终选取 186 家民营企业作为研究对象，其中非违约企业 150 家，违约企业 36 家。在选取的 186 组民营上市企业数据中，非违约企业数目是违约数目的 4.2 倍。本书如此选取样本研究基于两点考虑：第一，以上市公司实际产生的违约和非违约状态的企业作为本书的研究对象，可真实反映指标与违约状态之间的关系；第二，上市公司数据中，违约客户少于非违约客户是一个客观存在的事实，本书就是在违约、非违约客户数量相差较大的情况下选取对照组。

中国证监会对上市企业是否进行 ST 处理是根据该公司前两年的年报盈亏情况来决定的，采用企业被 ST 前几年的指标数据而不是采取被 ST 当年的数据作为样本数据，即使用（t-3）年的数据构建模型并预测公司在 t 年是否会发生财务失败更具有重要的实际意义。因此，如果一个公司在 t 年被 ST，则采用其（t-3）年的数据进行建模。

民营企业信用违约风险指标的选取在信用评价体系中有着极其重要的地位。目前有穆迪、标普和惠誉三家国际信用评级体系及中国银行、中国建设银行等国内权威金融机构各自的评级体系，但是各家信用评级机构和评级体系自主评级，指标体系之间存在较大的差异，没有一套规范的民营企业信用评级指标体系可供借鉴。确定一套民营企业的信用违约风险评价指标体系是本书研究的首要条件。基于上述目的，结合民营企业特征提出以下民营企业信用违约风险评价指标海选的原则：

第一，影响民营企业信用违约风险评价的因素有很多，如经营管理者素质、企业获利能力、企业外部环境等因素，但是民营企业具有规模较小、信用等级较低等特点。因此，在构建民营企业信用评价体系时，要充分考虑民营企业的规模、信用情况等非财务指标。民营企业大多数是一些中小型企业，企业管理者对企业信用的影响起着重要的作用，因此企业管理者素质是民营企业信用评价的一个重要方面。

第二，依据民营企业成长理论和原则以及企业特点，同时考虑民营企业的一些指标如信用违约指标等很难取得，因此评估的重点主要是对企业信用的潜质进行评估，主要以企业的流动比率、速动比率、应收账款、资产负债表、利润表和现金流量表为分析数据来源。当前的信用评估模型大多考虑民营企业的异质性因素，却忽略了同质性的经济形势、经营环境等因素对民营企业信用违约风险的影响。究其原因，主要是当前的大多数民营企业信用评估模型只是采用传统的面向大中型企业、国有上市公司的评估模型的设计理念，但事实上大中型企业、国有上市公司的经营风险受经济形势、经营环境变化的影响程度远不及民营企业；然而从理论上分析，在经济形势较差、市场需求不足、同业竞争激烈、各经济主体对未来的经济形势预期不佳时，民营企业的产品或服务往往销售不畅，利润空间被进一步压缩，其及时且足额获取还款现金流的能力也被削弱，最终导致了信用风险上升。因此，本书认为就民营企业信用评价模型的选用指标而言，应当加入一些能够反映不同时期民营企业所处经营环境的指标，提高民营企业信用评价模型的预测精度。

第三，民营企业信用违约风险的来源就其主观、客观性质不同，大致可以划分为借款者的还款意愿与还款能力两大类影响因素。我国民营企业的企业家对企业具有绝对的所有权与控制权，因此民营企业的还款意愿主要是企业家个人的意愿。本书认为年龄、学历、行业工作年限等因素能够较好地反映借款企业家的还款意愿。因为年龄较大的企业家相比于年轻的企业家，能更加清醒地认识到信用记录在企业经营与银行贷款申请过程中的重要性，决策过程更加保守。学历则反映了借款企业家的教育背景与学习经历。一般来说，贷款企业家的教育背景越深厚，即学历越高，个人道德修养与信用意识也越高，从而还款意愿也越强。

第四，还款能力指借款者在还款期是否具有筹措到足额现金流以按约偿还贷款本金和利息的能力，是从客观角度对企业信用违约风险的度量。相比于还款意愿，影响借款民营企业还款能力的因素众多，既包括不同借款民营企业独有的特异性因素，也包含同一时期所有借款企业面临的信贷环境因素。影响借款民营企业还款能力的最直接因素是在还款期是否能获取足够的现金流。本书选择民营企业规模与企业从业人数两项指标反映了企业的经营能力与现金流状况。企业的盈利能力越强，往期的盈利越多，则越有可能扩大企业规模以期获得更多利润，因此对于民营企业而言，理论上企业规模可以看作是企业经营能力的代理变量。企业从业人数指标则反映了企业的劳动力雇佣情况，当民营企业面临经营困难时，首先选择是减少员工人数以削减开支；而当民营企业经营形势较好时，则可能增加员工人数以扩大生产。

第五，除企业家的个人素质外，贷款是否存在担保、抵押或质押也会对借款企业家的还款意愿产生一定的影响。当贷款存在担保时，一旦借款企业选择违约，则担保人或担保企业将承担相应的连带赔偿责任。借款企业家一般偏好于选择与其存在一定社会关系的担保人或担保企业进行担保，从而避免因寻找陌生担保者而可能产生的额外成本。民营企业抵押、质押、担保、无形资产等因素也是信用风险评级重要考量，企业具有以上因素能够提高获得金融机构贷款的概率。对金融机构而言，企业发生违约可以通过变现抵质押担保物的方式减少金融机构的损失。本书选择固定资产、专利数据、品牌价值等指标。

第六，相对于国有企业，民营企业受宏观因素影响较大，反映企业生存的宏观经济环境的指标是衡量企业信用违约风险的重要指标。除上述企业的个体异质性因素外，本书认为能够对民营企业信用违约风险产生影响的信贷环境因素主要是宏观经济形势。当经济形势较好时，对民营企业借款者而言，旺盛的市场需求使销售款项能够及时回收，从而也有更大的可能性在还款期筹措到充足的资金偿还贷款。与之相反，当经济形势不佳时，对民营企业借款者来说，产品或服务的销售不畅使前期投入资金难以及时回收，更容易导致在还款期到来时无力筹集到足够的偿还资金，从而造成民营企业信用违约。本书选择人均 GDP 作为经济形势的量化指标。

第七，新的国内外经济形势下，我国经济结构被迫进行调整与转型，转型过程中，各行业的政策导向、市场需求与经营环境等多种因素都发生了不同程度的变化，这必定会对各行业民营企业的经营活动造成影响，进而影响企业的信用违约风险。例如，对于产能过剩的行业，政策层面往往不再提供扶持，这类行业的企业往往经营困难，违约风险较大。而对于一些新兴行业，政府部门往往会提供一系列配套的扶持政策，如减税、补贴、政府购买等，这类企业的经营压力较小，因而违约风险相对较低。行业景气指数较好地反映了行业发展形势，故本书选择该项指数作为各行业景气程度的代理变量。

根据以上民营企业信用评价指标海选原则，结合民营企业信用违约风险的特征极其影响因素，认为对于民营企业而言，企业的财务状况、非财务状况、企业自身素质以及企业生存宏观环境等对其信用风险都可能具有影响作用，海选了 52 个民营企业信用评级指标。将初步选择出的 52 个指标作为企业信用违约风险评价的初选指标进行研究分析。初选指标体系如表 4-2 所示。

表 4-2　信用评价指标体系初选变量及表示符号

指标体系初选变量及符号			
产权比率（X_1）	可持续增长率（X_{14}）	企业资产（X_{27}）	销售利润率（X_{40}）
贷款利率（X_2）	客户集中度（X_{15}）	正向词汇比（X_{28}）	研发投入（X_{41}）
担保比例（X_3）	利息保障倍数（X_{16}）	去杠杆程度（X_{29}）	应付账款占比（X_{42}）
法人年龄（X_4）	流动比率（X_{17}）	区域经济发展（X_{30}）	应付账款周转率（X_{43}）
非效率投资度（X_5）	流动负债比（X_{18}）	融资约束指数（X_{31}）	应收账款周转率（X_{44}）
扶贫脱贫人口数（X_6）	流动资产比（X_{19}）	速动比率（X_{32}）	营业利润占比（X_{45}）
股东权益比率（X_7）	每股净资产（X_{20}）	碳排放量（X_{33}）	营运资金比率（X_{46}）
固定资产质押（X_8）	每股收益（X_{21}）	投资收益率（X_{34}）	专利数据（X_{47}）
固定资产周转率（X_9）	平均员工数（X_{22}）	网络环境（X_{35}）	资产负债率（X_{48}）
管理者学历（X_{10}）	企业景气指数（X_{23}）	无形资产（X_{36}）	资产收益率（X_{49}）
行业景气指数（X_{11}）	企业价值倍数（X_{24}）	现金净额增长率（X_{37}）	总资产周转率（X_{50}）
行业工作年限（X_{12}）	企业授信额度（X_{25}）	现金总资产比（X_{38}）	资产增长率（X_{51}）
净资产收益率（X_{13}）	企业诉讼案件数（X_{26}）	消费价格指数（X_{39}）	组织协调能力（X_{52}）

以书中选取样本的指标数据作为原始数据，按照本书所给的数据标准化处理方法，对所有原始数据进行标准化处理。对于正、负向指标分别根据指标的性质按照式（4-1）和式（4-2）进行标准化处理；对于区间指标如消费价格指数和资产负债率等，消费价格指数的区间为（100%，105%），资产负债率的指标区间为（40%，60%），按照式（4-3）对区间指标进行标准化处理；对于定性指标如管理者学历、行业工作年限、企业诉讼案件数和专利数据等，标准化处理准则如表 4-3 所示。

表 4-3　定性指标标准化处理准则

指标名称	打分标准	打分数值
管理者学历	初中及以下	40
	中专及高中	60
	本科及专科	80
	硕士及以上	100

续表

指标名称	打分标准	打分数值
行业工作年限	$t<2$ 年	50
	2 年 $\leq t<4$ 年	70
	4 年 $\leq t<6$ 年	90
	$t\geq 6$ 年	100
企业诉讼案件数	1 次	100
	2~5 次	70
	6~10 次	50
	10 次以上	30
专利数据	2 个以下	20
	2~5 个	40
	6~10 个	60
	10 个以上	100

将以上标准化处理后的数据作为企业信用违约风险评价指标的筛选样本数据，分别采用变异系数法对初选指标进行筛选。基于上面所给出的变异系数计算方法，对初选 52 个指标计算得到初选指标的筛选结果，如表 4-4 所示。

表 4-4　基于变异系数法的指标初选结果

指标名称	变异系数	是否保留	指标名称	变异系数	是否保留
产权比率	0.67	保留	企业资产	0.85	保留
贷款利率	0.35	删除	正向词汇比	0.79	保留
担保比例	0.75	保留	去杠杆程度	0.62	保留
法人年龄	0.97	保留	区域经济发展	0.64	保留
非效率投资度	0.74	保留	融资约束指数	0.72	保留
扶贫脱贫人口数	0.29	删除	速动比率	0.87	保留
股东权益比率	0.65	保留	碳排放量	0.70	保留
固定资产质押	0.87	保留	投资收益率	0.89	保留
固定资产周转率	0.77	保留	网络环境	0.73	保留
管理者学历	0.73	保留	无形资产	0.75	保留
行业景气指数	0.94	保留	现金净额增长率	0.13	删除

续表

指标名称	变异系数	是否保留	指标名称	变异系数	是否保留
行业工作年限	0.82	保留	现金总资产比	0.63	保留
净资产收益率	0.82	保留	消费价格指数	0.79	保留
可持续增长率	0.72	保留	销售利润率	0.64	保留
客户集中度	0.41	删除	研发投入	0.85	保留
利息保障倍数	0.61	保留	应付账款占比	0.39	删除
流动比率	0.79	保留	应付账款周转率	0.15	删除
流动负债比	0.98	保留	应收账款周转率	0.71	保留
流动资产比	0.78	保留	营业利润占比	0.66	保留
每股净资产	0.62	保留	营运资金比率	0.59	保留
每股收益	0.77	保留	专利数据	0.68	保留
平均员工数	0.84	保留	资产负债率	0.62	保留
企业景气指数	0.72	保留	资产收益率	0.91	保留
企业价值倍数	0.85	保留	总资产周转率	0.68	保留
企业授信额度	0.57	保留	资产增长率	0.71	保留
企业诉讼案件数	0.84	保留	组织协调能力	0.58	保留

采用变异系数法对最初的 52 个指标进行初步筛选后，剩下 46 个指标，再采用灰色关联度对剩下的 46 个指标进行筛选（见表 4-5）。按照灰色关联度的计算方法，得到剩下指标的灰色关联度和是否保留结果，如表 4-6 所示。

表 4-5　基于灰色关联度的指标筛选计算结果

指标 灰色关联度（r_{ij}） 指标	产权比率 （X_1）	…	速动比率 （X_{32}）	…	营业 利润占比 （X_{45}）	…	组织 协调能力 （X_{52}）
产权比率（X_1）	1	…	0.51	…	0.64	…	0.53
…	…	…	…	…	…	…	…
流动比率（X_{17}）	0.77	…	0.91	…	0.58	…	0.41
…	…	…	…	…	…	…	…
销售利润率（X_{40}）	0.61	…	0.71	…	0.92	…	0.66
…	…	…	…	…	…	…	…
组织协调能力（X_{52}）	0.53	…	0.49	…	0.47	…	1

表 4-6 基于灰色关联度的指标筛选结果

指标名称	是否保留	指标名称	是否保留	指标名称	是否保留
产权比率	保留	每股净资产	删除	网络环境	保留
担保比例	保留	每股收益	删除	无形资产	保留
法人年龄	保留	平均员工数	保留	现金总资产比	删除
非效率投资度	保留	企业景气指数	保留	消费价格指数	保留
股东权益比率	删除	企业价值倍数	保留	销售利润率	保留
固定资产质押	保留	企业授信额度	保留	研发投入	保留
固定资产周转率	删除	企业诉讼案件数	保留	应收账款周转率	保留
管理者学历	保留	企业资产	保留	营业利润占比	删除
行业景气指数	保留	情感语调	保留	营运资金比率	删除
行业工作年限	保留	去杠杆程度	删除	专利数据	保留
净资产收益率	删除	区域经济发展	保留	资产负债率	保留
可持续增长率	保留	融资约束指数	保留	资产收益率	保留
利息保障倍数	保留	速动比率	删除	总资产周转率	保留
流动比率	保留	碳排放量	保留	资产增长率	删除
流动负债比	删除	投资收益率	保留	组织协调能力	保留
流动资产比	保留	—	—	—	—

在采用灰色关联度对剩下的46个指标进行筛选后，最终得到有效评价指标为34个，即采用相关系数法和灰色关联度法，对最初选择的52个指标进行筛选，最后剩下34个指标作为最终的企业信用违约风险评价指标体系（见表4-7)，我们对其中的一部分指标含义进行如下解释：

表 4-7 基于上述两种筛选方法最终确定的指标体系

指标名称	变量符号	指标性质	指标名称	变量符号	指标性质
产权比率	X_1	负向	固定资产质押	X_8	负向
担保比例	X_3	负向	管理者学历	X_{10}	定性
法人年龄	X_4	正向	行业景气指数	X_{11}	正向
非效率投资度	X_5	负向	行业工作年限	X_{12}	定性

续表

指标名称	变量符号	指标性质	指标名称	变量符号	指标性质
可持续增长率	X_{14}	正向	碳排放量	X_{33}	负向
利息保障倍数	X_{16}	正向	投资收益率	X_{34}	正向
流动比率	X_{17}	正向	网络环境	X_{35}	正向
流动资产比	X_{19}	正向	无形资产	X_{36}	正向
平均员工数	X_{22}	正向	消费价格指数	X_{39}	区间
企业景气指数	X_{23}	正向	销售利润率	X_{40}	正向
企业价值倍数	X_{24}	正向	研发投入	X_{41}	正向
企业授信额度	X_{25}	正向	应收账款周转率	X_{44}	正向
企业诉讼案件数	X_{26}	定性	专利数据	X_{47}	定性
企业资产	X_{27}	正向	资产负债率	X_{48}	区间
正向词汇比	X_{28}	正向	资产收益率	X_{49}	正向
区域经济发展	X_{30}	正向	总资产周转率	X_{50}	正向
融资约束指数	X_{31}	负向	组织协调能力	X_{52}	正向

（1）产权比率（X_1）：指股份制企业的负债总额对企业所有者权益的比率，反映企业负债经营的比例，是衡量企业财务结构是否稳定的重要指标。该指标越大说明负债资本占总资产的比重越大，财务结构不稳健，长期偿债能力较弱；该指标越小，说明自有资本占总资产的比重越大，财务结构稳定，企业价值能力越强。

（2）担保比例（X_3）：担保是偿还银行贷款的重要还款来源。担保比例是企业拥有的担保物价值与企业通过融资方式产生的债务比值，是指担保风险敞口与资本总额的比例。该指标反映企业风险状况，担保比率越低越好，但不能将企业的全部资产做抵押；担保比例越高，企业面临的经营风险越大和偿债能力越差，中国银行管理委员会监管条例规定，财务公司的担保比例不能高于100%。

（3）法人年龄（X_4）：企业法人的年龄与其社会经验和决策能力有关，经过了多年的市场熏陶和锤炼，年龄较大的管理者有丰富的社会经验和较高的管理水平，做事谨慎沉稳，经营的企业不容易出现较大的信用风险。相比较而言，年纪较轻的企业家由于管理经验不足可能会出现一些错误的决策，影响企业的信用状况。

（4）非效率投资度（X_5）：指企业的实际投资支出偏离最优投资行为的程度，有投资不足和投资过度两种方式，该指标影响企业的生存和发展，最终导致企业经营问题出现。该指标可以衡量企业的信用风险状况，指标值越大，表明企业投资行为偏离最优投资越远，给企业带来更大的不利和损失。

（5）固定资产质押（X_8）：主要是企业在融资过程中，用于融资抵押的固定资产总值占企业总固定资产总值的比例。企业为了获得资金，有时会选择把固定资产等有价值的资产质押给银行或其他资金提供方，借款企业一旦经营不善，相关抵押资产将归贷款银行或资金提供方所有，导致企业经营困难，资产负债表将进一步恶化，使贷款企业信用风险加大。

（6）管理者学历（X_{10}）：管理者的学历反映了其受教育年限，主要是指企业实际控制人或管理者的学历和毕业高校的层次。企业的信用情况虽然不能直接与其管理者学历成正比，但是受教育年限对人的价值观和思想道德会产生很大的影响。并且文化科学知识是决定企业发展的重要因素，因此管理者的学历水平对企业信用状况和企业发展有重要意义。

（7）行业景气指数（X_{11}）：主要是指企业所处行业的发展趋势和国家对该行业的支持力度。每个行业都有特定的行业风险，不同时期不同行业发展环境和趋势差别较大，是朝阳产业还是去产能需要被淘汰的产业，企业所生产的产品或提供的服务在整个产业生态链中的地位，直接影响企业的发展。一个企业如果处于长期不盈利的行业中，很难会获得高额利润，尤其是民营企业。因此，掌握行业的特征和风险程度、了解被评价企业所在行业状况及发展潜力对企业的信用评价是必要的，一个企业如果处于长期亏损的行业中，那么该企业未来的经营状况很难会获得高额利润，其信用风险也较大。本书用行业发展景气指数来衡量行业发展状况。

（8）行业工作年限（X_{12}）：主要从实际管理者在该行业的从业年限来进行评价。企业管理者从事本行业的时间长短，直接或者间接影响对企业的管理能力。从事本行业工作时间越长，对本行业了解越深，对企业的管理和发展会产生积极作用。

（9）可持续增长率（X_{14}）：是指企业目前经营情况和财务能力的内在增长能力，具体来说指企业在不增加新的股份的前提下，保持现有的经营效率和财务能力的条件下，公司经营能力所能增长的最大比率。也可以理解为企业的销售增长率，或者是股东权益增长率。可持续增长率=增加的留存收益/起初股东权益。

（10）利息保障倍数（X_{16}）：是企业经营获取的息税前利润与利息费用之比，该指标可以衡量企业的偿债能力，进一步衡量企业债务资本的风险程度。利息保障倍数越大表明企业偿债能力越强，没有足够大的利息保障倍数，企业面临亏损，偿债能力安全性和稳定性较差，企业的信用风险相应地增大。

（11）流动比率（X_{17}）：是流动资产对流动负债的比率，用来衡量企业流动资产在短期债务到期以前，可以变为现金用于偿还负债的能力。一般来说，比率越高，说明企业资产的变现能力越强，短期偿债能力亦越强；反之则弱。

（12）流动资产比（X_{19}）：流动资产比率表示企业流动资产占所有者权益的比例。流动资产是指企业可以在一年或者超过一年的一个营业周期内变现或者运用的资产，是企业资产中必不可少的组成部分。流动资产的内容包括货币资金、短期投资、应收票据、应收账款和存货等。

（13）平均员工数（X_{22}）；企业的员工人数在一定程度上反映了企业的规模，而企业的规模大小反映企业发展潜力和偿债能力，相应的企业贷款违约可能性越小。

（14）企业景气指数（X_{23}）：反映企业生产经营状况以及对宏观经济环境的感知程度，也从侧面反映了经济发展趋势情况，是相关领域的企业家对本企业生产经营状况的判断和预测。景气指数大于 1，说明企业良性发展；景气指数小于 1，说明企业向不利方向发展。

（15）企业价值倍数（X_{24}）：是对上市公司价值评估的指标，该指标考虑了公司的债务水平，可以准确地反映公司价值，能够体现公司未来的收益状况和面临的风险水平。因为该指标的计算不受税率和资本结构的影响，所以不同地区、不同行业的各企业价值倍数具有可比性。一个企业的价值倍数如果高于行业平均水平，说明企业股票价值被高估，反之亦然。该指标的大小体现了企业的经营业绩和经营状况，对企业的信用风险评估能够提供有价值的信息。

（16）企业授信额度（X_{25}）：企业授信是指商业银行可以直接向该企业提供资金支持的总额度，或商业银行可以为企业提供信用保证的行为总担保额度。是金融机构向企业提供的一种灵活方便，可循环借贷的一种授信产品。只要授信余额不超过协议指标，银行向企业发放金额和次数均可以快速提供服务。免除对企业的资信调查和担保落实手续。该指标从另一角度反映被授信企业的资质状况。本书授信的额度衡量企业的信用情况。

（17）企业诉讼案件数（X_{26}）：主要是企业在实施同行借贷或同业交易过程中出现的信用违约次数或企业诉讼案件数等信息。随着企业大型化集团化，企业内部和企业之间经济关联交易形式多样化、次数频繁化，相互之间各种利益矛盾不可避免地发生和增加，引发主体之间的违约情况和法律诉讼案件数增加。企业间违约情况和企业诉讼案件数对企业的经营和发展产生直接或间接影响，无论是诉讼主体还是诉讼对象，违约和诉讼案件对企业的信用风险都有影响。

（18）企业资产（X_{27}）：企业的资产反映了企业的经济实力，企业资产越大，企业的经济实力就越强，其承担社会责任和偿还债务的能力越强，信用状况相对较好。

（19）正向词汇比（X_{28}）：指管理人会议记录中正面词汇减负面词汇数量与词汇总量的比，比值越大，管理人情感趋向偏向于正面积极的方向，企业的发展和经营充满着活力；指标越小，表明管理者对企业发展没有信心和期望。通过该指标可以间接反映企业的经营状况和未来发展趋势。

（20）区域经济发展（X_{30}）：主要是从企业所处环境的区域经济发展来衡量企业的可持续发展，如果企业所处的区域经济总体运行不好，肯定会影响该企业的运营，导致企业生产和销量减少，降低企业的利润，增加企业的违约风险，企业所在地区经济状况影响企业信用风险水平。企业的发展存在着区域的不平衡性，带有明显的区域发展色彩。经济发展较好的省份，企业违约案例相应较少。经济发展水平高低决定着当地政府的支持能力和力度，决定着企业信用大环境，使企业信用水平也有差异。

（21）融资约束指数（X_{31}）：主要是用来反映融资约束程度的指标，通常作为影响经济运行的一个因素。因此，它可以作为一个解释变量用于解释货币供应量、经济增长率、企业投资水平、消费者信心指数等变量的变动情况。

（22）碳排放量（X_{33}）：为了实现国家碳中和、碳达峰目标，企业作为主要经济体对碳中和、碳达峰进程的推进有着至关重要的作用，对各个行业和各个企业的变动和发展产生决定性的影响。企业碳减排是实现两大目标的重要内容，积极推动企业碳核算、碳减排关乎企业未来的发展和经营。企业的碳排放量也可以作为企业信用风险评估的一个维度。

（23）投资收益率（X_{34}）：投资收益率又称投资利润率，是指投资方案在达到设计一定生产能力后一个正常年份的年净收益总额与方案投资总额的比率。它是评价投资方案盈利能力的静态指标，表明投资方案正常生产年份中，单位投资每年所创造的年净收益额。对运营期内各年的净收益额变化幅度较大的方案，可计算运营期年均净收益额与投资总额的比率。

（24）网络环境（X_{35}）：网络环境有狭义和广义之分。狭义上，是指在电子计算机和现代通信技术相结合的基础上构建起来的宽带、高速、综合、广域型数字式电信网络。本书指狭义的概念。

（25）无形资产（X_{36}）：它体现了企业的综合实力和经营能力，对企业的生产经营发挥积极的推动作用，为主体企业带来非货币性的经济资源。一个企业的无形资产越大，该企业抗风险能力越强，对企业的经营发展起长期持续的促进作用。

（26）消费价格指数（X_{39}）：直接反映居民购买的生活消费品和服务项目的价格变动情况，在整个国民经济体系中也有着重要地位和作用，是进行经济分析和评价的一个重要风向标，该指标变动幅度也反映了通货膨胀和紧缩的程度。消费价格指数主要是从当年的经济环境方面来反映企业的偿债能力，企业作为国民经济体系中重要组成部分，该指标也用来分析企业发展的宏观环境。

（27）销售利润率（X_{40}）：是企业利润与销售额之间的比率。它是以销售收入为基础分析企业获利能力，反映销售收入收益水平的指标，即每元销售收入所获得的利润。

（28）研发投入（X_{41}）：为企业研究开发活动形成的总支出。研发投入通常包括研发人员工资费用、直接投入费用、折旧费用与长期待摊费用、设计费用、装备调试费、无形资产摊销费用、委托外部研究开发费用、其他费用等。

（29）应收账款周转率（X_{44}）：是用来衡量企业应收账款流动性的一个财务指标。它的计算公式是企业在一定时期内的赊销净收入与其平均应收账款余额之间的比值。通常情况下，应收账款周转率越高，表明企业的收款速度越快，资产流动性和偿债能力越强。

（30）专利数据（X_{47}）：品牌价值主要是指企业拥有的品牌数量和各类品牌的潜在无形价值。品牌是企业或商品的信誉资本化的产物，是一种包含企业产品属性、品质，能满足客户需求的，具有无限生命力的无形资本；企业专利数据企业在该领域具有行业领先水平，具有核心竞争力，保障企业在市场竞争中稳步发展。在评价企业的信用风险状况时，企业品牌价值和专利数据也是重要指标。即便是企业面临现金流压力和暂时的经营困难，但是只要企业拥有价值较高的品牌价值或专利数量，对企业的融资将具有很大的帮助。

（31）资产负债率（X_{48}）：是评估企业财务健康状况的重要指标之一。通常情况下，较低的资产负债率表明企业负债相对较少，具备更强的偿债能力和财务稳定性；较高的资产负债率可能暗示企业面临较大的财务风险，因为当企业负债过多时，可能无法及时偿还债务。

（32）资产收益率（X_{49}）：资产收益率是一个财务指标，用于衡量企业或银行每单位资产创造的净利润。它表示的是企业在一定时期内利润与平均资产总额之间的比率。这个比率反映了企业资产的综合利用效果，以及企业利用债权人权益总额所取得的盈利情况。资产收益率越高，意味着企业资产的利用效率越高，利用资产创造的利润也越多，这通常表明企业的获利能力和整体管理水平较强。

（33）总资产周转率（X_{50}）：主要是指企业总营业额与总资产之间的比值。该指标主要反映企业的全部资产在整个运营周期内的流转速度，反映了企业资产运营效率，是衡量企业资产管理效率的重要指标。该项指标反映资产总额的周转速度。周转速度越快，企业销售能力就越强，资产利用率越高，利润额增加越大，企业信用风险就越小。

（34）组织协调能力（X_{52}）：一个企业管理者的组织协调能力对企业的运营和发展有着至关重要的作用。不仅影响企业的生存和竞争能力，还影响着企业的信用风险状况。在企业内部是指企业各部门之间的协同度，各企业之间的高度协同有利于企业生产经营活动的快速落实，提高企业的运行效率，实现产品的快速生产和物流，加快资金流的运转速度；在企业外部是指管理者与企业发展相关组织通过有效的沟通和协调，保证企业拥有有利的运营资源和经营环境，促进企业在稳健的外部环境下更好地成长和发展。本书用“三会”（股东大会、董事会会议、监事会会议）召开次数衡量管理者的组织协调能力。

第三节　指标聚类

经过筛选的34个民营企业信用违约风险评价指标，一方面，如果均看作二级指标，在采用指标赋权法确定指标权重后，34个二级指标的权重将会很小，很难分辨出每个指标的重要性；另一方面，在指标权重确定过程中，如果采用定性赋权法，当指标个数较多时，在比较所有指标的重要性时容易出现逆序问题。因此，在构建企业信用违约风险评价过程中，应该首先对筛选的 34 个指标进行分层，以降低指标体系中每级指标的个数。

在分层过程中，常用的方法有主成分分析法和聚类算法，主成分分析通过旋转变化，提出主成分，实现指标个数的综合与降维，但主成分分析法是对现有指标进行了重新综合，并不是对筛选指标的分层。聚类算法则是通过对样本数据之间的相关度来实现指标之间的聚类，是一种指标分层的方法。因此，本书采用聚类算法来实现筛选指标的分层。

一、灰色关联度的聚类方法

（一）K 均值聚类算法及其不足

文献中用于分类的方法通常用 K 均值聚类，K 均值聚类算法被广泛地应用于各行各业的聚类分析。K 均值聚类主要是预先设置聚类个数 K，即将 34 个信用违约风险评价指标分为 K 类，通过计算每个指标下各企业的信用违约风险评价值与 K 类的中心距离，按照距离的平方和最小，将 34 个筛选评价指标分成 K 类。n 个企业在 34 个指标下的信用违约风险评价指标数据为：

$$\begin{bmatrix} x_{11} & x_{12} & \cdots & x_{1n} \\ x_{21} & x_{22} & \cdots & x_{2n} \\ \vdots & \vdots & \ddots & \vdots \\ x_{34,1} & x_{34,2} & \cdots & x_{34,n} \end{bmatrix} = \begin{bmatrix} x_1 \\ x_2 \\ \vdots \\ x_{34} \end{bmatrix} \tag{4-15}$$

其中，x_{ij} 表示标准化后的第 i 个指标下第 j 个企业信用违约风险评价值。因为本节主要是针对指标进行聚类，因此聚类对象是信用违约风险评价指标，样本数据相应的是各指标下的企业信用违约风险评价值，所以记第 i 个指标下 n 个企业的信用违约风险评价数据，$x_{in}=(x_i 1,\ x_{i2},\ \cdots,\ x_{in})\ i=1,\ 2,\ \cdots,\ 34$，将每个指标下的企业违约评价信息构成的向量作为聚类的样本向量。

K 均值聚类算法步骤为：

（1）设置初始聚类中心。确定指标分类个数 K，任选 K 个指标作为初始聚类中心 z_1（1），z_2（1），…，z_k（1）。一般以最初 K 个指标作为初始的聚类中心。在确定聚类中心后，对应中心的向量即为所选择指标的评价向量。

（2）计算各指标与聚类中心的距离。分别计算每个评价指标下企业信用违约风险评价数据与每个聚类中心向量的距离。

$$\|x_i - z_j(m)\| \tag{4-16}$$

其中，x_i 为第 i 个指标下各企业的信用违约风险评价向量，$z_j(m)$ 表示经过 m 次迭代后得到的第 j 个聚类中心的信用违约风险评价向量。$\|\cdot\|$表示 2 范数。

（3）指标分类。根据第 2 步计算的每个指标下企业信用违约风险评价值与各聚类中心向量的距离范数，按照最小距离原则，对 34 个筛选指标进行分类，分类原则是：若$\|x_p - z_j(m)\| \leq \|x_p - z_i(m)\|$，则 x_p 表示第 p 个指标应分配到第 j 类 $f_j(m)$ 中，其中 $f_j(m)$ 表示经过 m 次迭代分类后，以第 j 个聚类中心为代表的聚类域。

（4）重新计算聚类中心。对第 m 次聚类后的指标重新计算各类的中心向量，一般是将某一类中的所有指标下各企业的信用违约风险评价值取均值，最后将该均值向量作为新的聚类中心向量，即第 i 个聚类中心的中心向量为：

$$z_i(m+1) = \frac{1}{N_i} \sum_{x_k \in f_i(m)} x_k \quad i = 1, 2, \cdots, K \tag{4-17}$$

其中，N_i 表示第 m 次迭代后第 i 个类中的指标个数。$z_i(m+1)$表示第 $m+1$ 次聚类的聚类中心向量。

（5）循环终止条件。如果 $z_i(m+1) = z_i(m)$ 表示第 $m+1$ 次聚类的聚类中心与第 m 次聚类的聚类中心相同，终止分类，输出最终的分类结果；如果 $z_i(m+1) \neq z_i(m)$，则转到步骤 2 继续迭代。

K 均值聚类是应用最广泛的一种聚类算法，但 K 均值聚类算法在度量各评价指标下的评价信息向量与聚类中心向量之间的相关度时，采用的测度是距离公式$\|X\| = \sqrt{X^T X}$。但是在实际使用过程中，采用距离测度来实现分类可能会产生与实际情况不符的结果，主要原因是距离公式容易受到异常值的影响。例如，有如下向量：

X=(10.69　14.58　15.38　15.49　17.09　17.29　43.34　45.73　56.41　61.64　72.43　72.99　73.86　74.17　84.90　86.04　87.60　89.66)

$Y=(11.69\quad 17.38\quad 19.18\quad 90.29\quad 21.99\quad 23.59\quad 49.74\quad 52.43\quad 63.21\quad 68.64\quad 79.63\quad 80.19\quad 81.06\quad 81.87\quad 93.30\quad 94.84\quad 96.50\quad 99.36)$

$Z=(87.89\quad 87.74\quad 85.44\quad 84.77\quad 80.72\quad 72.08\quad 71.79\quad 71.44\quad 60.21\quad 57.37\quad 57.04\quad 53.81\quad 45.89\quad 38.26\quad 36.62\quad 27.42\quad 25.70\quad 24.24)$

对这三个向量作图，得到的图形关系如图 4-1 所示。

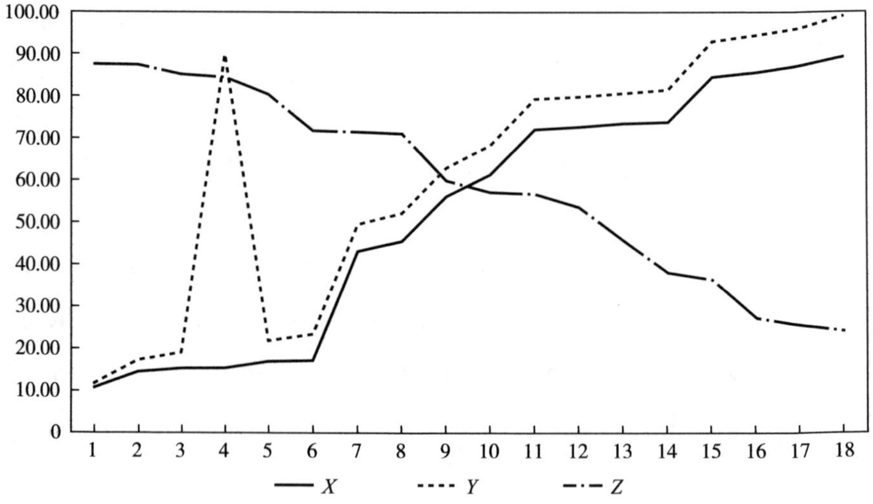

图 4-1　向量 X、Y、Z 的折线图

可见，向量 X 和向量 Y 的数值变化趋势相关性较强，只是在第 4 个数据中存在一个异常值。向量 X 与向量 Z 之间则是呈现负相关性，对向量 X 和向量 Y、向量 Z 采用欧氏距离计算，得到：

$\|X-Y\|=79.99$，$\|X-Z\|=214.78$

如果剔除 Y 中的异常值，则 X 和 Y 的距离为：

$\|X'-Y'\|=28.36$

通过计算可以得到，当采用范数计算两个向量的距离时，异常值对范数的影响较大。当两个向量呈负相关性时，采用范数度量两个向量的距离时，两者的距离也非常大。通过该数值说明，K 均值聚类中，采用范数来度量各指标与聚类中心之间的距离是不合理的。为此，必须选择一种能有效描述两个向量相关性的测度来度量各指标与聚类中心之间的相关性。

在选择聚类测度的时候，应该根据实际应用背景来选择测度计算方法。在对企业信用违约风险评价指标进行分类过程中，主要目的是对违约评价指标进行聚类，所采用的聚类数据则是每个企业在各指标下的信用违约风险评价数值，最终用于聚类的样本数据其实是一个向量。要实现指标的聚类，其实就是要求指标之间的相关性较强，也就是用于聚类的样本数据的相关性较强，这种相关性应该是在数据的相对距离、几何形状和变化趋势上相似。因此，在选择聚类距离测度计算方法时，可以选择灰色联合关联度作为 K 均值聚类算法中的距离测度。下面给出灰色联合关联度的定义。

（二）灰色联合关联度

灰色联合关联度是在传统灰色关联度的基础上提出的一种新的关联度计算方法，为便于给出基于灰色联合关联度的聚类算法，先给出灰色联合关联度的相关定义和计算方法。

【定义 1】设有向量 $X=\{x_1, x_2, \cdots, x_n\}$，则定义向量 X 的始点零化变换向量为：

$$X^0=\{x_1^0, x_2^0, \cdots, x_n^0\} \tag{4-18}$$

即，$x_i^0=x_i-x_1$。

【定义 2】设有向量 $X=\{x_1, x_2, \cdots, x_n\}$，该向量的第一个元素 $x_1\neq0$，则定义向量 X 的始点比值化变换向量为：

$$X'=\{x'_1, x'_2, \cdots, x'_n\} \tag{4-19}$$

即，$x'_i=\dfrac{x_i}{x_1}$。

【定义 3】对有两个等维向量 $X_1=\{x_{11}, x_{12}, \cdots, x_{1n}\}$ 和 $X_2=\{x_{21}, x_{22}, \cdots, x_{2n}\}$，对向量 X_1 和 X_2 经过始点零化后变为：

$X_1^0=\{x_{11}^0, x_{12}^0, \cdots, x_{1n}^0\}$，$X_2^0=\{x_{21}^0, x_{22}^0, \cdots, x_{2n}^0\}$

定义如下三个指标：

$$|s_1| = \left| \sum_{k=2}^{n-1} x_{1k}^0 + \frac{1}{2} x_{1n}^0 \right| \tag{4-20}$$

$$|s_2| = \left| \sum_{k=2}^{n-1} x_{2k}^0 + \frac{1}{2} x_{2n}^0 \right| \tag{4-21}$$

$$|s_1 - s_2| = \left| \sum_{k=2}^{n-1} (x_{1k}^0 - x_{2k}^0) + \frac{1}{2} (x_{1n}^0 - x_{2n}^0) \right| \tag{4-22}$$

【定义4】定义等维向量 $X_1=\{x_{11}, x_{12}, \cdots, x_{1n}\}$ 和 $X_2=\{x_{21}, x_{22}, \cdots, x_{2n}\}$ 的灰色绝对关联度为：

$$\varepsilon_{12}=\frac{1+|s_1|+|s_2|}{1+|s_1|+|s_2|+|s_1-s_2|} \tag{4-23}$$

灰色绝对关联度 ε_{12} 主要反映的是两个等维向量 X_1 和向量 X_2 的几何相似度，灰色绝对关联度的值不受空间位置改变而改变。

【定义5】设有两个等维向量 $X_1=\{x_{11}, x_{12}, \cdots, x_{1n}\}$ 和向量 $X_2=\{x_{21}, x_{22}, \cdots, x_{2n}\}$，这两个向量的第一个元素值 $x_{11}\neq 0$，$x_{21}\neq 0$，且记向量 X_1 和向量 X_2 经始点比值化变换后为 X'_1 和 X'_2，则新比值变化后的向量 X'_1 和向量 X'_2 的灰色绝对关联度称为向量 X_1 和向量 X_2 的灰色相对关联度，一般记为 r_{12}。

灰色相对关联度 r_{12} 主要反映的是两个等维向量 X_1 和向量 X_2 相对初始点的变化速率的接近程度。ε_{12} 和 r_{12} 分别描述向量 X_1 和向量 X_2 的两个方面，因此，这两个数值之间没有相关性。

【定义6】分别记两个等维向量 $X_1=\{x_{11}, x_{12}, \cdots, x_{1n}\}$ 和 $X_2=\{x_{21}, x_{22}, \cdots, x_{2n}\}$ 的灰色绝对关联度、灰色相对关联度为 ε_{12}、r_{12}，则定义向量 $X_1=\{x_{11}, x_{12}, \cdots, x_{1n}\}$ 和 $X_2=\{x_{21}, x_{22}, \cdots, x_{2n}\}$ 的灰色综合关联度为：

$$\rho_{12}=\theta\varepsilon_{12}+(1-\theta)r_{12} \tag{4-24}$$

其中，参数 $\theta\in[0, 1]$。

灰色综合关联度只考虑了两个向量之间的几何相似性和变化速率的接近程度，但是不能有效地描述两个向量所构成折线的距离，因此，对灰色综合关联度进行改进，给出如下的灰色联合关联度定义。

【定义 7】分别记两个等维向量 $X_1=\{x_{11}, x_{12}, \cdots, x_{1n}\}$ 和向量 $X_2=\{x_{21}, x_{22}, \cdots, x_{2n}\}$ 的灰色绝对关联度、灰色相对关联度和欧氏距离为 ε_{12}、r_{12} 和 d_{12}，则定义向量 $X_1=\{x_{11}, x_{12}, \cdots, x_{1n}\}$ 和 $X_2=\{x_{21}, x_{22}, \cdots, x_{2n}\}$ 的灰色联合关联度为：

$$\delta_{12}=\alpha_1\varepsilon_{12}+\alpha_2 r_{12}+\frac{\alpha_3}{d_{12}} \tag{4-25}$$

其中，$d_{12}=\|X_1-X_2\|$，参数 α_1，α_2，$\alpha_3\in[0, 1]$，且 $\alpha_1+\alpha_2+\alpha_3=1$。

灰色联合关联度既体现了折线 X_1 和 X_2 之间的几何相似性，也反映了 X_1 和 X_2 相对初始值的变化速率的接近程度，还能有效描述折线 X_1 和折线 X_2 之间的物理距离，能较为全面地反映 X_1 和 X_2 之间是否相似的一种定量评价指标。

（三）基于灰色联合关联度的聚类算法

下面给出基于灰色联合关联度的聚类算法步骤：

（1）数据的获取和标准化。以被评价企业为样本，针对每个企业在所选择的 34 个指标下，采用定量计算和定性评价的方法，得到每个企业在各个指标下的信用违约风险评价值，通过前面所述标准化数据的方法，对信用违约风险评价值进行标准化处理。设经过标准化处理后的信用违约风险评价数据如表 4-8 所示。

表 4-8　标准化后的企业信用评价体系指标值

	企业 1	企业 2	企业 3	…	企业 N
指标 X_1	X_{11}	X_{12}	X_{13}	…	X_{1N}
指标 X_2	X_{21}	X_{22}	X_{23}	…	X_{2N}
…	…	…	…	…	…
指标 X_{34}	$X_{34,1}$	$X_{34,2}$	$X_{34,3}$	…	$X_{34,N}$

因为要针对指标进行聚类，所以定义向量 $X_i=(x_{i1}, x_{i2}, \cdots, x_{in})(i=1, 2, \cdots, 34)$。

(2) 聚类数目和聚类中心的初始化：设置聚类数目 K 的数值，并设置初始聚类中心 $z_1(1)$，$z_2(1)$，…，$z_k(1)$。在聚类数目 K 的选择上，一般来说，K 的数值应该介于 3~7，因为聚类数目少于 3，对分类没有多大意义，超过 7 个类的话，在对指标重要性比较中容易出现逆序的问题，不便于指标重要性比较和指标赋权。在初始聚类中心 z_1 (1)，z_2 (1)，…，z_K (1) 的设置中，一般选择前 K 个指标分别作为聚类中心，或是任意选择 K 个指标作为初始聚类中心，或是为了减省计算量，根据主观定性分析初步选择 K 个指标作为初始聚类中心。

(3) 计算各信用违约风险评价指标与聚类中心向量的灰色联合关联度：

记第 i 个信用违约风险评价指标下，N 个企业评价值构成的向量为 $X_i=(x_{i1}, x_{i2}, x_{i3}, \cdots, x_{iN})(i=1, 2, \cdots, 34)$，经过 m 次聚类后的第 j 个类的聚类中心向量为 $Z_j(m)=(z_{j1}(m), z_{j2}(m), z_{j3}(m), \cdots, z_{jN}(m))(j=1, 2, \cdots, K)$。

计算欧氏距离。计算第 i 个信用违约风险评价指标与第 j 个类的聚类中心的距离：

$$d_{ij}(m)=\|x_i-Z_j(m)\| \tag{4-26}$$

欧氏聚类主要是用来描述两个向量的位置关系。

计算灰色绝对关联度。对向量 $X_i=(x_{i1}, x_{i2}, x_{i3}, \cdots, x_{iN})$ 与 $Z_j(m)=(z_{j1}(m), z_{j2}(m), z_{j3}(m), \cdots, z_{jN}(m))$ 进行始点零化处理，得到新的向量为：

$$x_i^0=\{0, x_{i2}-x_{i1}, x_{i3}-x_{i1}, \cdots, x_{iN}-x_{i1}\}$$

$$Z_j^0(m)=\{0, z_{j2}(m)-z_{j1}(m), z_{j3}(m)-z_{j1}(m), \cdots, z_{jN}(m)-z_{j1}(m)\}$$

计算变量：

$$|s_i|=\left|\sum_{k-2}^{N-1}x_{ik}^0+\frac{1}{2}x_{1N}^0\right| \tag{4-27}$$

$$|s_j|=\left|\sum_{k=2}^{N-1}z_{jk}^0(m)+\frac{1}{2}z_{jN}^0\right| \tag{4-28}$$

$$|s_i-s_j|=\left|\sum_{k=2}^{N-1}(x_{ik}^0-z_{jk}^0(m))+\frac{1}{2}(x_{iN}^0-z_{jN}^0(m))\right| \tag{4-29}$$

则第 i 个指标向量 Y_i 和聚类中心 $Z_j(m)$ 的灰色绝对关联度为：

$$\varepsilon_{ij}=\frac{1+|s_i|+|s_j|}{1+|s_i|+|s_j|+|s_i-s_j|} \tag{4-30}$$

灰色绝对关联度 ε_{ij} 主要反映的是第 i 个指标 Y_i 和聚类中心 $Z_j(m)$ 的几何相似度，灰色绝对关联度不受空间位置改变而改变，因此，该指标只能描述其几何相似度不能描述位置关系。

计算灰色相对关联度：对第 i 个信用违约风险评价指标向量 $X_i=(x_{i1}, x_{i2}, x_{i3}, \cdots, x_{iN})$ 和第 j 个类的聚类中心向量 $Z_j(m)$ 进行始点比值化处理，得到新的比值化向量为：

$$x'_i=\left\{1, \frac{x_{i2}}{x_{i1}}, \frac{x_{i3}}{x_{i1}}, \cdots, \frac{x_{iN}}{x_{i1}}\right\} \tag{4-31}$$

$$Z'_j(m)=\left\{1, \frac{z_{j2}(m)}{z_{j1}(1)}, \frac{z_{j3}(m)}{z_{j1}(1)}, \cdots, \frac{z_{jN}(m)}{z_{j1}(m)}\right\} \tag{4-32}$$

其中，$y\neq0$，$z_j(1)\neq0$。对比值化向量 y'_i 和 $Z'_j(m)$ 再进行始点零化处理。

$$\bar{x}_i^0=\{0, x'_{i2}-x'_{i1}, x'_{i3}-x'_{i1}, \cdots, x'_{iN}-x'_{i1}\}$$

$$\bar{Z}_j^0(m)-\{0, z'_{j2}(m)-z'_{j1}(m), z'_{j3}(m)-z'_{j1}(m), \cdots, z'_{jN}(m)z_{j1}(m)-z_{j1}(m)\}$$

计算变量：

$$|\bar{s}_i|=\left|\sum_{k=2}^{N-1}\bar{y}_{ik}^0+\frac{1}{2}\bar{y}_{1N}^0\right| \tag{4-33}$$

$$|\bar{s}_j|=\left|\sum_{k=2}^{N-1}\bar{z}_{jk}^0(m)+\frac{1}{2}\bar{z}_{jN}^0(m)\right| \tag{4-34}$$

$$|\bar{s}_i-\bar{s}_j|=\left|\sum_{k=2}^{N-1}(\bar{x}_{ik}^0-\bar{z}_{ik}^0(m))+\frac{1}{2}(\bar{x}_{iN}^0-\bar{z}_{iN}^0(m))\right| \tag{4-35}$$

则第 i 个指标向量 Y_i 和聚类中心 $Z_j(m)$ 的灰色绝对关联度为：

$$r_{ij}=\frac{1+|\bar{s}_i|+|\bar{s}_j|}{1+|\bar{s}_i|+|\bar{s}_j|+|\bar{s}_i-\bar{s}_j|} \tag{4-36}$$

灰色相对关联度 r_{ij} 主要反映的是第 i 个信用违约风险评价指标向量 Y_i 和聚类中心向量 $Z_j(m)$ 相对初始点的变化速率的接近程度。

计算灰色联合关联度。设置欧氏距离、灰色相对关联度、灰色绝对关联度的组合系数 α_1，α_2，$\alpha_3 \in [0, 1]$，要求 $\alpha_1+\alpha_2+\alpha_3=1$，则得到第 i 个信用违约风险评价指标与第 j 个类的聚类中心之间的灰色联合关联度为：

$$\delta_{ij}=\alpha_1\varepsilon_{ij}+\alpha_2 r_{ij}+\frac{\alpha_3}{d_{ij}} \tag{4-37}$$

灰色联合关联度指标综合了信用违约风险评价指标与类中心向量之间的位置关系、几何相似度和变化速率相似度，因此，该指标更能充分反映各指标与聚类中心之间的相关度。

（4）分类。经过联合关联度的计算，可得到 34 个评价指标与 K 个聚类中心的灰色联合关联度值，如表 4-9 所示。

表 4-9　灰色联合关联度信息

	类 1	类 2	类 3	…	类 K
指标 X_1	δ_{11}	δ_{12}	δ_{13}	…	δ_{1k}
指标 X_2	δ_{21}	δ_{22}	δ_{23}	…	δ_{2k}
…	…	…	…	…	…
指标 X_{34}	$\delta_{34,1}$	$\delta_{34,2}$	$\delta_{34,3}$	…	$\delta_{34,k}$

分类原则是针对某一个指标，比较该指标与各聚类中心的灰色联合关联度数值，若在某一类的灰色联合关联度最大，则该指标将归为该类中。

（5）重新计算聚类中心。每经过一次企业信用违约风险评价指标聚类后，需要重新调整聚类中心的评价向量。本书采用同一类内所有指标向量的均值作为新的聚类中心评价向量。即在完成第 m 次企业信用违约风险评价指标聚类后，假设根据灰色联合关联度确定第 i 个类中包含有 N_i 个评价指标，并将完成第 m 次聚类后的所有指标集记为 S_i（m），则第 i 个类的新聚类中心计算公式为：

$$z_i(m+1)=\frac{1}{N_i}\sum_{x_k\in S_i(m)}x_k \quad (i=1, 2, \cdots, K) \tag{4-38}$$

（6）迭代终止条件。如果第 k 次与第 $k+1$ 次的指标聚类的聚类中心评价向量结果相同或向量范数值小于某给定阈值，则终止迭代，否则转到步骤 3 继续迭代。

二、基于灰色关联度的指标聚类

考虑到指标个数应该小于 7 个，因此，在对企业信用违约风险评价指标进行聚类时，本书选择将筛选的 34 个民营企业信用违约风险评价指标分为 6 类。将 186 个民营企业的标准化数据作为各指标下的评价向量，采用本书所建立的基于灰色联合关联度聚类算法，对企业信用违约指标进行分类。

对样本数据采用本书所建立的灰色联合关联度聚类算法进行指标聚类，经过 8 次迭代聚类，最终将 34 个筛选指标分为 6 类，6 类中每个聚类中的指标个数分布如表 4-10 所示。

表 4-10 聚类分析后各类指标分布

类号	1	2	3	4	5	6	合计
指标个数	5	6	8	5	6	4	34

指标聚类后的结果如表 4-11 所示。

表 4-11 企业信用违约风险评价分类指标

一级指标	二级指标	三级指标
企业信用违约风险评价指标体系	企业管理者素质	法人年龄、管理者学历、行业工作年限、正向词汇比、组织协调能力
	企业基本素质	企业资产、平均员工数、企业授信额度、无形资产、企业诉讼案件数、碳排放量
	企业财务能力	产权比率、资产收益率、流动资产比、流动比率、销售利润率、应收账款周转率、资产负债率、总资产周转率
	企业贷款能力	担保比例、固定资产质押、利息保障倍数、企业价值倍数、融资约束指数
	企业发展潜力	非效率投资度、企业景气指数、可持续增长率、投资收益率、研发投入、专利数据
	企业生存环境	行业景气指数、消费价格指数、区域经济发展、网络环境

采用本书以上所建立的指标聚类算法，最终将经过筛选后的34个指标分为六类，下面分别对每类指标进行解释：

（1）企业管理者素质。企业管理者是引导企业实现企业运营目标的人，其驾驭、影响、激励着所领导团队执行任务的能力。因此，一个企业管理者的综合素质决定着其所带领团队的执行能力，也关系到企业的运营情况，特别是民营企业，往往企业管理者就是企业的法人，那么该管理者就要负责企业的运营目标，长期运营战略、企业运营决策和组织实施等工作。有时，企业管理者的一个决策直接决定着企业的生存。企业管理者的素质可以从企业管理者的法人年龄、管理者学历、行业工作年限、正向词汇比、组织协调能力五个方面来考虑。在以往的研究成果中没有考虑企业管理者正向词汇情况，本书新增加了管理者正向词汇比这一指标。管理人正向词汇比指会议记录中正面词汇相对于负面词汇数量与词汇总量的比，比值越大，管理人情感越趋向于正面积极的方向，企业的发展和经营越充满活力；指标越小，表明管理者对企业发展越没有信心和期望。通过该指标可以间接反映企业的经营状况和未来发展趋势。该指标作为企业管理者素质的考核首次引入信用评价指标体系。

（2）企业基本素质。企业的基本要素作为企业信用违约的一个指标。本书所选择的企业基本素质主要是从企业资产、平均员工数、企业授信额度、无形资产、企业诉讼案件数、碳排放量这几个方面来进行评价。企业资产总额及年平均员工数反映企业的运行状况和前景，企业授信情况和企业诉讼案件数反映企业与外部相关连企业的经济互动的状况，也从另一个测度衡量企业经营情况。企业的无形资产包括专利权、非专利技术对企业的生产经营发挥积极的推动作用。一个企业的无形资产越大，该企业抗风险能力越强，对企业的经营发展起长期持续的促进作用，反映企业的运行状况的客观条件，这些硬性指标是企业运营发展的前提条件。随着国家碳中和和碳达峰目标的制定，一个企业碳排放量是关乎企业未来的发展和经营的一个重要因素，企业的生产和经营过程，碳排放量也影响到企业的盈利空间和发展前景，因此企业的碳排放量也可以作为企业信用违约风险评价的一个维度。

（3）企业财务能力。企业的财务状况对企业的信用违约也具有重要的影响，特别是民营企业，财务状况对民营企业的信用风险具有决定性的作用，因为民营企业抗风险能力较差。反映企业盈利能力和负债水平的财务指标能直接预示企业在未来的信用风险状况。企业财务状况越好，则在企业运营过程中发生企业信用违约的概率也就越小。企业财务状况可从企业的产权比率、资产收益率、流动资产比、流动比率、销售利润率、应收账款周转率、资产负债率、总资产周转率八个方面的指标作为衡量民营企业财务状况的变量。

（4）企业贷款能力。企业在经营过程中，不可避免地存在向金融机构贷款的需求，而出现信用违约则主要是企业向金融机构的贷款出现违约，因此，为减少金融服务机构的损失，关注企业的贷款状况非常重要。金融服务机构在考察企业的贷款状况时，主要是从企业的担保比例、固定资产质押、利息保障倍数、企业价值倍数、融资约束指数能力五个方面进行评价。在该指标过程中，本书增加了融资约束指数这一个新的指标。流动资金是一个企业能否健康持续发展的重要因素，能否顺利筹集到所需运转资金决定于企业的融资能力大小，如果企业资金需求上能够得到及时解决，对企业的良性经营和发展起到很大的推动作用，否则如果资金需求关键时期，由于融资成本过高或者得不到外界融资，对企业的经营发展起到阻碍作用，甚至影响到企业的正常运转。所以本书引入企业融资约束指数评价企业的信用风险，也是首次将此指标运用到企业信用违约风险评价体系中，融资约束指数越小，企业的融资能力就越强。

（5）企业发展潜力。企业信用违约风险评价主要是趋势预测，即根据企业的运营状况预测企业未来是否会发生信用违约，那么，企业的发展潜力在企业信用违约风险评价中具有重要的参考价值。一般具有较大发展潜力的企业在融资过程中会更容易获得融资。企业发展潜力主要从企业的可持续增长率、投资收益率、研发投入等指标进行量化。本书在选择企业发展潜力指标的过程中，新增加了专利数据、非效率投资度等指标。专利能加快企业产品创新或工艺调整的成功速度，迅速抢占市场，提升企业的竞争能力。企业掌握的专利数越多，其发展潜力也应该越大。一方面，一个企业拥有大量的高质量专利，可以将专利技术直接用于改善企业的产品或调整企业的工艺，让企业产品迅速占领市场，获得更多的利润；另一方面，企业可以将专利技术直接出售给需求方，从而获得更多的资金用于企业的运营，降低企业的负债率，增强企业的资金流。企业的投资有投资不足和投资过度两种方式，非效率投资度这一指标影响企业的生存和发展，最终导致企业经营问题出现。该指标可以衡量企业的信用风险状况，指标值越大，表明企业投资行为偏离最优投资越远，给企业带来更大的不利和损失。因此，本书将专利数据、非效率投资度等作为企业发展潜力的指标量化。

（6）企业生存环境。企业所处的生存环境对企业是否违约也具有重要的影响。本书关于企业生存环境主要从行业景气指数、区域经济发展、网络环境等方面来进行评价。行业景气指数主要考察行业景气度、稳定性，因为不同行业面临的风险程度不同，规避风险的难度也有不同。企业所在区域的经济发展水平也是企业生存环境的一个量化指标，经济发展水平较好的区域，企业获得政府支持的机会越多，获得金融机构支持力度相应也会加大。企业生存环境指标与其他研究成果的不同之处在于本书增加了网络环境指标。当前是一个自媒体高速发展的时期，任何时期通过网络传播，其影响人群将呈现指数级增长，网络舆论往往决定着企业的生死存亡。例如，2016 年 11 月乐视创始人贾跃亭发布名为《乐视的海水与火焰：是被巨浪吞没还是把海洋煮沸》的公开信承认乐视资金状况出现问题，该信息在网络上广泛传播后，从 2016 年第四季度起，持有乐视股票的金融机构大批撤离乐视网，乐视即将倒闭的消息大量传播，乐视网即将倒闭成为媒体和大众的主要观点，虽然中途融创中国为乐视投入了 150 亿元，仍然不能解决乐视危机，一系列“债主讨债”事件，出现挤兑现象，让乐视再度“深陷危机”。通过乐视危机，可以看出网络环境对企业成长的重要性。

第四节　本章小结

本章的主要成果在于：

一是给出了基于变异系数法和灰色关联度的指标筛选方法。在对指标进行筛选过程中，考虑到指标应尽可能包含更多的信息，本章采用变异系数法对初选指标进行筛选。分析了 K 均值聚类算法中欧氏距离的不足，提出了基于灰色联合关联度的聚类算法，该聚类方法能充分反映各指标与聚类中心之间的相关度，在对企业信用违约风险评价指标的分类中更有价值。

二是构建了民营企业信用违约风险评价指标体系。本章着重引入了企业管理者组织和协调能力以度量企业管理者的管理素质；在企业贷款状况指标中，增加了融资约束指数这一个新的指标；在企业发展潜力中，新增加了企业的非效率投资度、专利数据指标；在企业生存环境指标中，增加了网络环境指标。

三是构建了企业信用违约风险评价指标。通过计算分析最终确定企业信用违约风险评价指标的六个二级指标为企业管理者素质、企业基本素质、企业财务能力、企业贷款能力、企业发展潜力、企业生存环境。

第五章 民营企业信用违约风险评价及监测指标权重确定

第一节 指标权重赋权方法

在对企业信用违约风险评价过程中，经过筛选后的34个评价指标对最终的企业信用违约风险评价结果的影响程度是不相同的，如果不考虑每个指标的重要性，会导致企业信用违约风险评价结果偏离客观事实，使金融服务机构或投资者最终做出错误的决策。因此，在对企业信用违约风险评价过程中，必须考虑每个评价指标的重要性的差异，利用一定的指标赋权方法确定各个指标的权重。

一、常用指标赋权法及其比较分析

关于指标权重确定的方法，一直是学者研究的重点，学者也从不同的角度，给出了不同的赋权法，但是总体来说，指标赋权法可以分为两类，一类是专家根据自身的知识经验而给出指标权重的主观赋权法，也称定性赋权法；另一类是基于评价数据，利用一定的数学模型获得指标权重的客观赋权法，也称定量赋权法。最常用的赋权方法归结如下：

（一）主观赋权法

主观赋权法主要是通过向相关专家发放问卷，每个专家在互不干扰的情况下根据自己的经验给出待评价指标体系中各个指标的权重程度。常用的主观赋权法有：德尔菲赋权法、层次分析法和模糊层次分析法。主观赋权法能够充分反映相关领域专家的经验判断，但是该方法确定的权重是以主观判断为基础的，主观性较强。

1. 专家赋权法

又称经验赋权法，主要是指专家根据自身的知识和多年的经验，直接给出每个评价指标的权重。专家赋权法能够反映该领域专家的经验，但该方法确定的权重是基于主观判断的，主观程度较高。从心理学角度分析可以知道，对少于 7 个的指标，学者可以根据经验快速给出各指标的权重；对于超过 7 个的指标体系，专家会存在很大的犹豫度，所给出的权重向量也会存在偏离。同时，专家赋权法主要是凭借专家的知识经验，因为个人知识的不完备和个人偏好，专家赋权法得到的指标权重存在个人偏好。有的资料运用专家赋权法取得的平均值作为指标的权重，该方法忽略了不同的专家的差异性判断，使评价结果与实际情况不同。本书研究的对象基于 34 个指标的评价内容，专家赋权法显然不太适合本书研究对象。

2. 层析分析法

层次分析法是 1973 年由美国运筹学家托马斯·塞蒂（Thomas Saaty）提出的。层次分析法是最常用的一种指标赋权法，该方法是定性和定量相结合且系统化、层次化的指标赋权方法。该方法是将指标体系分为三个层次：目标层、准则层和指标层，然后由相关领域的专家根据个人的知识经验对指标之间的重要性进行两两比较，基于预先设置的评价标度，获取满足一致性要求的互反判断矩阵，最后基于互反判断矩阵，利用数学方法导出指标的权重。该方法在互反判断矩阵的获取过程中采用了定性的方法，在指标权重导出过程中，采用了数学模型，因此是定性和定量相结合的赋权方法。

层次分析法不仅适用于存在主观信息和不确定性的研究对象，还能够结合数据衡量指标的相对重要性；该方法原理和步骤容易理解和掌握，计算简单，方法明了，容易被决策者掌握。但是层次分析法的一个弊端在于对评价指标的重要性排序主观性太强，另一个弊端是在构造互反判断矩阵中会因为指标个数过多，导致专家对指标重要性的比较结果出现逆序的结果，且满意一致性互反判断矩阵的构造存在很大的难度。另外，层次分析法定量数据少、定性分析多，分析结果难以令人信服。

3. 模糊层次分析法

模糊层次分析法是在层次分析法的基础上进行改进的一种赋权方法。模糊层次分析法基于评价指标为选择最优方案提供量化依据。根据评价总目标和多目标评价问题的性质，把问题进行逐级层次分解，形成一个阶梯式的层次结构。主要是在对指标的重要性进行比较的过程中，根据存在的模糊性，采用模糊隶属度来刻画两个指标之间的重要性，使最终构造出来的判断矩阵能满足互补性的互补判断矩阵。在获得互补判断矩阵后，再利用数学模型推导出指标的权重向量。

该方法改进了层次分析法评价指标过多导致的判断矩阵的不一致性的弊端，基于模糊数或者模糊一致性矩阵，提高了评价结果的准确性和可靠性。但是在构造模糊一致性判断矩阵时，也存在难以快速获得满足一致性的判断矩阵。

（二）客观赋权法

客观赋权法是运用数学方法对指标数据进行计算来确定指标体系中各指标权重的一种方法。客观赋权方法计算的权重能够客观反映指标数值的变化幅度大小，有效避免主观因素的影响，但计算样本数据的变化也会导致指标权重的变化，同一指标权重结果的稳定性较差。常用的客观赋权方法有熵权法、主成分分析赋权法、因子分析赋权法、变异系数赋权法、标准离差赋权法、基尼系数赋权法、灰色关联度赋权法等。

1. 熵权法

熵权法主要是基于信息论中的信息有序性提出的一种指标权重确定方法。某个评价指标下的评价数据的有序度关系到信息量的多少，评价指标信息熵越小，指标的离散程度越大，评价数据所提供的信息量也就越大，在对该指标应该赋予较大的权重；反之亦然。如果某个指标的熵值均相等，说明该指标未能为决策提供有价值的信息，在综合评价中没有作用，则可以考虑去除该指标。基于该原理熵权法被提出，并用于指标权重的确定。熵权法主要根据评价数据的有序度来确定指标权重，较于主观赋权法，该方法判断结果较准确可靠，评价结果也易于解释；但熵权法目前仅限于确定权重的大小，使用范围和解决问题存在一定的局限性，一般需要结合其他统计方法使用。

2. 主成分分析赋权法

主成分分析赋权法主要是基于多元统计分析的原理来给出的一种指标赋权法。其思想是将各原始变量坐标通过旋转得到具有某种良好的方差性质的新变量，再从中选取前几个变量来代替原变量，有效简化了指标体系。主成分分析赋权法具体计算过程是根据评价数据进行主成分分析，先计算每个指标下评价数据的相关矩阵，在对相关矩阵计算特征值，根据特征值可以计算出每个评价指标的贡献率，最终确定出指标的权重。主成分主要是基于指标评价数据的相关性来确定指标的权重，该方法对指标的个数没有限制。利用主成分分析赋权法确定指标权重，以指标数值本身的信息确定，具有客观性和合理性，并且对于指标的个数没有限制；该方法既能体现指标之间的重要性程度，又能反映指标之间的差异性，对于多指标综合评价具有很大的优势。但是主成分分析赋权法主要依赖于样本数据和研究的实际问题，适用性和可参与性较差；该赋权法也不能很好地体现不同属性指标的重要程度，有时确定的权重与实际指标的重要程度相差较大。

3. 因子分析赋权法

该方法运用信息浓缩原理，对标准化以后的数据，通过计算各个指标的共性因子的累计贡献率来确定对应指标的权重，累计贡献率越大，说明该指标对共性因子的作用程度越大，该方法和主成分分析赋权法运用原理相同，不同的是因子分析赋权法用了旋转功能，主成分分析赋权法主要侧重于浓缩信息功能，计算权重结果近似。

4. 变异系数赋权法

变异系数赋权法是根据统计学方法计算各个指标变化程度的一种客观赋

权法，变化差异较大的指标给予较大的权重，反之亦然。主要是将每个评价指标下评价数据看作样本集，分别计算每个评价指标下的样本集的均值和标准方差，根据标准方差与均值的比值得到该评价指标下评价数值的变异系数，最后对变异系数进行归一化处理后得到的数值即为每个评价指标的权重值。根据方差与均值之间的变异情况来体现指标的重要性。

5. 标准离差赋权法

标准离差赋权法，也称为离差最大化法，又称优化赋权法。其思路与熵权法赋权思路相近，即一个指标的标准差越大，变异程度就越大，表明该指标能提供的信息越多，在综合分析评价中该指标所起的作用越大，那么其权重也应该较大；反之，一个指标的标准差越小，变异程度就小，该指标能够提供的信息就越少，在综合分析评价中所起到的作用就越小，那么其权重也应该越小。其计算过程是采用一定的计算方法来获取评价指标的权重。该方法获得的权重依赖于评价数据，如果评价数据产生变化，则对应的指标权重也会改变。因此，该方法得到的指标权重仅适用于当前评价数据，而不能将该权重作为恒定的指标权重。

6. 基尼系数赋权法

基于指标数据差异程度的赋权方法。把待评价主体的某个指标数据比作不同等级的收入情况，然后计算该指标的基尼系数，通过指标的基尼系数值的大小反映该指标不同评价对象之间的数据差异的大小。该方法是通过计算各评价指标的基尼系数值，对评价指标进行归一化处理，从而得到各个指标相应的基尼系数权重，体现了指标的差异越大、其权重相应也越大的思想，这个思路与上述标准离差法相似。但是该方法弥补了变异系数赋权法、标准离差赋权法不能刻画所评价对象之间的差异的不足，弥补了熵权法赋权不能直观解释的不足。基于基尼系数赋权法不存在人为干扰因素，并且体现了指标数据差异越大、权重越大的赋权思路，是一种适用性较好的客观赋权法，因此在指标赋权计算中得到较广泛的应用。

7. 灰色关联度赋权法

灰色关联度赋权法是通过确定一个最优参考序列，并计算各样本序列与最优参考序列的相似或相异程度，即“灰色关联度”，对评价目标作出综合分析。灰色关联度赋权法主要是根据每个指标下的评价数据与预设的比较数列之间的灰色关联度来确定指标权重的一种方法。首先确定一个较优参考序列，然后计算各比较序列与最优参考序列之间的关联度，即“灰色关联度”。灰色关联度主要刻画两个向量构成的曲线的几何贴近度，一般与比较序列的灰色关联度越小，对应指标的权重越小。在用灰色关联度进行赋权时，这种方法能够充分利用样本的信息，同时也可以有效避免主观因素对评价的影响。

通过对以上常用的指标赋权法的分析可以看出，各指标赋权法均是从某一个角度考虑所提出的一种赋权法，在刻画某一方面的特性时具有一定的优势，但是同时也忽略了其他方面的影响因素。如果能将各种赋权法进行综合使用，则能有效地利用各种赋权法的优势，克服各种单一赋权法的不足。因此，组合赋权法最近被学者提出，并应用于实际的综合评价过程中。通过实证分析发现，组合赋权法要比单一的赋权法得到的评价结果更为科学和合理，也更符合实际情况。

二、传统指标组合赋权法及其比较分析

传统的组合赋权法主要是根据研究问题的特征和各个赋权法的适用条件，选择一种定性赋权法和一种定量赋权法分别来对综合评价的各指标进行赋权，最后对定性赋权法和定量赋权法得到的权重进行线性加权，从而得到最终的指标权重，其组合赋权模型为：

$$w_h = (1-\alpha) w_1 + \alpha w_2 \tag{5-1}$$

其中，w_h 为组合权重，w_1 为定量赋权法得到的权重，w_2 为定性赋权法得到的权重。参数 $\alpha \in [0, 1]$ 为风险系数，$\alpha > 0.5$ 表示对专家经验给予更多的重视，此时得到的指标权重具有风险性倾向；$\alpha < 0.5$ 则表示更注重定量赋权法得到的权重，此时表明在权重确定过程中具有保守的倾向，α 越小，则保守型越大；当 $\alpha = 0.5$ 时，则表明对定性赋权法和定量赋权法得到的权重平等看待，此时表明权重选择上处于中立状态。

传统的组合赋权法存在两个弱点：一是面临着单一定性赋权法和单一定

量赋权法的选择问题。在对权重进行组合加权的过程中，只选择了一种定性赋权法和一种定量赋权法来对指标进行赋权，最后对这两种赋权法得到的指标权重进行加权组合，虽然利用了定性描述中的专家经验和定量描述中的数据的规律性，但是每种赋权法均是在某一个方面突出了权重确定的优势，而忽略了其他方面对评价指标的影响因素。如今学者提出了很多指标赋权法，在进行指标加权的过程中，该选择哪种定性和定量赋权法作为指标权重的赋权法，该用什么样的标准来选择，这依然是一个难以解决的问题。二是在组合加权过程中加入了风险系数 α，也就是在进行指标加权过程中，还得确定风险系数，无形中增加了评价过程中的不确定性；最主要的是，针对不同的风险系数会出现不同的综合评价结果，最终该如何相信评价结果，如何进行决策？所以风险系数的引入增加了决策结果的不确定性。

传统的组合赋权法虽然对单一的定性赋权法和定量赋权法有了很大的改进，但是也存在一定的不足。为弥补这种不足，对传统的组合赋权法进行改进。根据上面分析可以看出，传统赋权法主要弱点在于：定性赋权法和定量赋权法的选择问题，风险因素的引入导致评价结果的不确定性。为解决以上问题，本书尝试提出一种新的组合赋权法：基于 OWA 算子的组合赋权法。

第二节　基于 OWA 算子的组合赋权法及其优势分析

对定性和定量赋权法的选择问题：在传统组合赋权法中，只是对一种定性赋权法和一种定量赋权法进行组合加权，因此面临着定性赋权法和定量赋权法的选择问题，如果将传统的组合赋权法进行扩展，提出一种对 n 种赋权法进行加权组合的组合赋权法，则最终解决了赋权法的选择问题。也就是在对单一赋权法的选择过程中，可以尽可能多地选择几种赋权法进行指标赋权，最后对这几种赋权法进行加权组合，从而获得最终的组合权重。这样就有效解决了定性赋权法和定量赋权法的选择问题。对风险系数的引入引起评价结果的不确定性问题：风险系数的引入容易导致评价结果的不确定性，当按照上面的分析，采用多种赋权法进行组合加权时，则可以避免对风险系数的考虑。

根据上面的分析，为克服传统组合赋权的不足，可以采用对多种赋权法同时进行加权组合，最终得到多权重赋权法的组合权重。但是这种方法面临的问题是，给每种赋权法赋予多少权重的问题。为避免这种问题，本书提出一种新的信息融合方法。在对多种指标赋权法得到的指标权重进行加权过程中，并不是所有的赋权法得到的权重信息均是有用的。根据民主集中制原则，为避免个人偏好，体现公平公正性的原则，在对信息处理的过程中，并不是全部信息均被采用，而是对大多数人的意见进行融合，并获得最终的决策意见。基于该原理，在对多个单一指标赋权法得到的指标权重信息也并不要求一定都用上，而是采用民主集中制原则，只对大多数赋权法得到的权重进行加权。为此本节给出基于有序加权平均算子（OWA）的指标组合赋权法。首先，给出如下有序加权平均算子的定义：

【定义 8】定义函数 $OWA_{\lambda}(a_1, \cdots, a_n)=\sum_{j=1}^{n}\lambda_j b_j$ 为 n 维向量$(a_1, \cdots, a_n)$的有序加权平均算子。其中，b_j 是对向量 $a_1, \cdots, a_n$ 按照从大到小的降序排列后，在第 j 个位置的元素。$\boldsymbol{\lambda}=(\lambda_1, \cdots, \lambda_n)^T$ 是向量$(b_1, \cdots, b_n)$的位置权重向量，其计算公式为：

$$\lambda_j=Q\left(\frac{j}{n-1}\right)-Q\left(\frac{j-1}{n-1}\right) \tag{5-2}$$

$$Q(r)=\begin{cases}0 & \text{if} \quad r<a \\ \dfrac{r-a}{b-a} & \text{if} \quad a\leqslant r\leqslant b \\ 1 & \text{if} \quad r>b\end{cases} \tag{5-3}$$

其中，$(a, b)=(0.3, 0.8)$，$(0, 0.5)$，$(0.5, 1)$分别对应与取向量$(b_1, \cdots, b_n)$中的“大多数”“至少半数”“尽可能多”信息。

采用【定义 8】的有序加权平均算子对多个单一赋权法得到的指标权重

进行融合。其基本思想是先对每种赋权法得到的某个评价指标的权重根据大小进行降序排列，之后根据其位置，进行位置加权，最终得到组合权重。在OWA算子中，位置权重 $\lambda=(\lambda_1, \cdots, \lambda_n)^T$ 的计算原则是采用的集结大多数信息的原则，即去掉向量（b_1，…，b_n）中的最大值和最小值，而对于不同位置的数据赋予不同的权重，最终进行加权组合得到组合权重。

给出基于OWA算子的组合赋权法的具体过程：

（1）单一赋权法的权重确定。根据实际综合评价需要，选择尽可能多的指标赋权法来对综合评价的指标进行赋权。设最终选择了 n 种单一赋权法来对综合评价的 m 个评价指标进行指标赋权。记第 i 种赋权法得到的 m 个评价指标的权重为：$\omega_i=$（ω_{i1}，ω_{i2}，…，ω_{im}）。则最终得到的 n 种赋权法对应的 m 个评价指标的权重信息如表5-1所示。

表5-1　n 种赋权法得到的 m 个评价指标权重信息

	指标 X_1	指标 X_2	…	指标 X_m
第1种赋权法	ω_{11}	ω_{12}	…	ω_{1m}
第2种赋权法	ω_{21}	ω_{22}	…	ω_{2m}
…	…	…	…	…
第 n 种赋权法	ω_{n1}	ω_{n2}	…	ω_{nm}

（2）单一赋权法得到的权重排序。根据上面的分析，采用 n 种赋权法得到的第 i 个评价指标的权重向量为：ω_{1i}，ω_{2i}，…，ω_{ni}，对该权重向量进行降序排列。设经过降序排列后的数据为：ϖ_{1i}，ϖ_{2i}，…，ϖ_{ni}。则最终排序后的权重信息如表5-2所示。

表5-2　降序排列后的各指标权重信息

	指标 X_1	指标 X_2	…	指标 X_m
位置1	ϖ_{11}	ϖ_{12}	…	ϖ_{1m}
位置2	ϖ_{21}	ϖ_{22}	…	ϖ_{2m}
…	…	…	…	…
位置 n	ϖ_{n1}	ϖ_{n2}	…	ϖ_{nm}

（3）位置权重向量的确定。采用【定义 8】中的位置权重计算函数计算位置权重向量。其中，第 i 个位置的位置权重为：

$$\lambda_i = Q\left(\frac{i}{n-1}\right) - Q\left(\frac{i-1}{n-1}\right) \tag{5-4}$$

$$Q(r) = \begin{cases} 0 & \text{if} \quad r<a \\ \dfrac{r-a}{b-a} & \text{if} \quad a \leqslant r \leqslant b \\ 1 & \text{if} \quad r>b \end{cases} \tag{5-5}$$

则得到位置权重向量为 $\lambda = (\lambda_1, \cdots, \lambda_n)^T$。

（4）OWA 算子组合加权。利用位置权重向量对降序排列后的权重进行加权，即可得到最终对 n 种指标赋权法得到的单一赋权法方法进行加权组合的组合权重。

$$W = [\lambda_1 \quad \lambda_2 \quad \cdots \quad \lambda_n] \begin{bmatrix} \varpi_{11} & \varpi_{12} & \cdots & \varpi_{1m} \\ \varpi_{21} & \varpi_{22} & \cdots & \varpi_{2m} \\ \vdots & \vdots & \ddots & \vdots \\ \varpi_{n1} & \varpi_{n2} & \cdots & \varpi_{nm} \end{bmatrix}$$

$$= (w_1, w_2, \cdots, w_m) \tag{5-6}$$

基于 OWA 算子的多赋权法组合加权指标权重确定方法的主要优势表现在：

（1）在选择尽可能多的单一指标赋权方法的基础上，使最终的指标组合权重充分利用了每种单一指标赋权法的优势，让每种赋权法的优势互补，弥补了每种单一赋权法的不足。最终得到的指标组合权重可以一直作为综合评价应用中的各指标权重，不会因为评价时间和评价数据的改变，而改变指标的权重向量。

（2）在基于 OWA 算子的指标组合赋权法中，采用先对权重大小进行排序，之后根据位置加权的方式进行信息融合，使每个指标的组合权重的数据来源于 n 种独立的指标赋权法，但是并不是全部使用了每种单一赋权法得到的指标权重，而只是采用了大多数的指标赋权法得到的指标权重，且最终每个指标的组合权重的信息来源于不同的单一指标赋权法得到的指标权重。

（3）设采用第 i 种赋权法得到的第 j 个指标的权重 ω_{ij} 可记为 $\omega_{ij}=w_j+\varepsilon_{ij}$。其中，$w_j$ 为第 j 个指标的实际权重，而 ε_{ij} 表示第 i 种赋权法得到的第 j 个指标的权重与实际权重之间的扰动，也可称为白噪声。当 OWA 算子对 n 种赋权法得到的权重进行组合加权的时候，根据统计学的原理，最终所有的白噪声将会被相互抵消，从而得到实际权重 w_j。因此，这种基于 OWA 算子的组合赋权法比传统赋权法更容易获取真实指标权重，且该方法也是合理的、可行的，利用该方法得到的指标组合权重能突出核心指标的作用，避免了传统组合赋权法对指标赋权法的选择问题和风险系数对评价结果的影响。

第三节　基于 OWA 算子的组合赋权法的指标权重

一、样本数据选取

实证样本数据为本书前期所筛选采集的 186 个民营上市企业的数据，根据指标筛选结果，剔除掉已经删除指标的数据，保留最终 34 个评价指标下的数据作为实证样本。

二、指标权重计算

在指标权重计算过程中，应该以从下到上的原则来确定各指标权重，即在指标权重确定过程中，应该先计算三级指标的指标权重，最后确定二级指标的权重。下面以二级指标企业生存环境下的四个三级指标行业景气指数、区域经济发展、网络环境、消费价格指数的指标权重确定为例，采用本书所提出的 OWA 算子来获得该四个指标的综合权重。

基于本书研究涉及的指标较多，主观赋权法很难对指标的权重给予合理的赋值和计算，所以选择赋权方法时，尽量使用客观赋权法。用以上介绍的客观赋权方法分别为熵权法、主成分分析赋权法、因子分析赋权法、变异系数赋权法、标准离差赋权法、基尼系数赋权法和灰色关联度赋权法来确定各个指标的权重，得到的指标权重信息如表 5-3 所示。

表 5-3 不同赋权法得到的企业生存环境指标权重信息

	熵权法	主成分分析赋权法	因子分析赋权法	变异系数赋权法	标准离差赋权法	基尼系数赋权法	灰色关联度赋权法
行业景气指数	0.4501	0.4328	0.4277	0.4406	0.4793	0.4145	0.4830
区域经济发展	0.1912	0.2016	0.1940	0.1427	0.2068	0.1879	0.1843
网络环境	0.2422	0.2831	0.2886	0.2990	0.2400	0.2543	0.2587
消费价格指数	0.1165	0.0824	0.0897	0.1176	0.0739	0.1433	0.0740

在对七种单一赋权法进行组合加权的时候，需要先确定七个位置的位置权重。利用位置权重计算公式，最终计算得到七个位置的位置权重信息，如表 5-4 所示。

表 5-4 七个位置的位置权重

位置序号	位置 1	位置 2	位置 3	位置 4	位置 5	位置 6	位置 7
权重值	0	0.0667	0.3333	0.3333	0.2667	0	0

通过对七个位置的位置权重值分析可以看出，位置 1、位置 6 和位置 7 的数据均会被舍取，最终有用的数据为位置 2 至位置 5 的数据，而且位置越居中的数据，所赋予的权重越大，代表其对最终的组合权重的贡献率越大。位置权重的数值说明，在对多个数值进行位置组合加权的过程中，忽略了边界值，更注重中间值的贡献。

在确定位置权重后，针对每个指标，需要对七种赋权法得到的权重数值按照降序排列，之后才进行位置加权。对七种赋权法，按照每个指标下的权值进行降序排列后的数据如表 5-5 所示。

表 5-5 降序排列后的指标权重信息

位置序号	位置 1	位置 2	位置 3	位置 4	位置 5	位置 6	位置 7
位置权重	0	0.0667	0.3333	0.3333	0.2667	0	0

续表

位置序号	位置 1	位置 2	位置 3	位置 4	位置 5	位置 6	位置 7
行业景气指数	0.4830	0.4793	0.4501	0.4406	0.4328	0.4277	0.4145
区域经济发展	0.2068	0.2016	0.1940	0.1912	0.1879	0.1843	0.1427
网络环境	0.2990	0.2886	0.2831	0.2587	0.2543	0.2422	0.2400
消费价格指数	0.1433	0.1176	0.1165	0.0897	0.0824	0.0740	0.0739

针对每个指标，对降序排列后的数据进行位置加权，即可得到基于 OWA 算子的评价指标组合权重。即：

$$W=\begin{bmatrix}0.4830 & 0.4793 & 0.4501 & 0.4406 & 0.4328 & 0.4277 & 0.4145\\0.2068 & 0.2016 & 0.1940 & 0.1912 & 0.1879 & 0.1843 & 0.1427\\0.2990 & 0.2886 & 0.2831 & 0.2587 & 0.2543 & 0.2422 & 0.2400\\0.1433 & 0.1176 & 0.1165 & 0.0897 & 0.0824 & 0.0740 & 0.0739\end{bmatrix}\begin{bmatrix}0\\0.0667\\0.3333\\0.2667\\0\\0\end{bmatrix}$$

$$=(0.4443\quad 0.1919\quad 0.2677\quad 0.0985)^T$$

以第一个指标行业景气指数的 OWA 组合权重为例，其组合权重为：

$W_1=0.4830\times 0+0.4793\times 0.0667+0.4501\times 0.3333+0.4406\times 0.3333+0.4328\times 0.2667+0.4277\times 0+0.4145\times 0\approx 0.4443$

为保证权重向量的归一化约束，对 OWA 组合权重进行归一化，得到归一化后的企业生存环境下各指标的权重为：

$W=(0.4432\quad 0.1914\quad 0.2671\quad 0.0983)^T$

对企业生存环境评价指标的七种单一赋权法得到的权重值和最终基于 OWA 算子进行位置加权的组合权重值作图，得到如图 5-1 所示的位置图。

通过对示意图的分析可以看出，基于 OWA 算子的组合权重要位于七种单一赋权法得到的指标权重的中间位置。可见，组合赋权是最终对各种赋权法的一种平衡。从统计学的角度理解，当所采用的赋权方法越多，最终的组合权重应该越接近于所有赋权方法得到的权值信息的均值，因此，本书提出的基于 OWA 算子的组合赋权法是合理的，也是有效的。

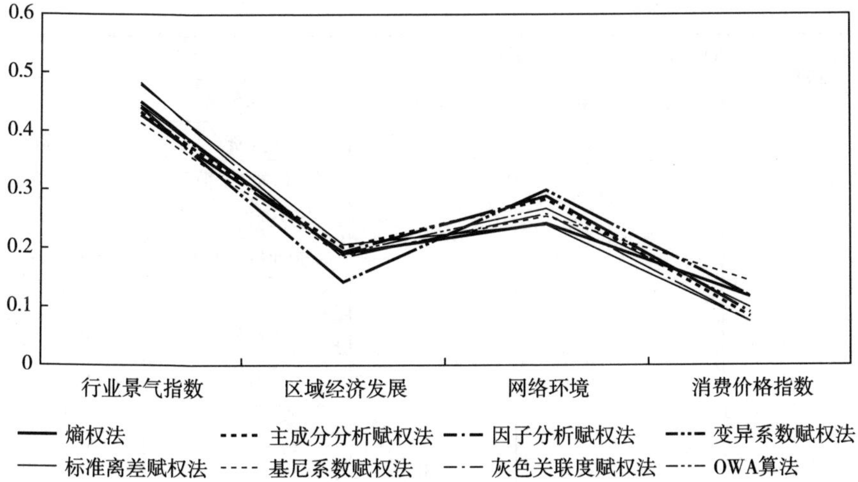

图 5-1　企业生存环境各评价指标权重位置示意图

同样的原理，分别采用七种单一指标赋权法对每个三级指标进行赋权，再利用本书给出的 OWA 算子对指标权重进行集结，可得到各三级评价指标相对其二级评价指标下的指标权重。在获得三级指标的权重值后，对 186 个企业的标准化样本数据进行指标加权，得到二级指标下的指标加权评价值，基于该二级指标下的指标加权值，同样采用七种单一赋权法，可得到七个二级评价指标的单一权重，再采用 OWA 算子对其进行集结，即可得到二级评价指标的 OWA 综合权重。采用本书所给出的 OWA 指标赋权法，最终得到所有评价指标的权重向量，如表 5-6 所示。

表 5-6　企业信用违约风险评价指标的权重

一级指标	二级指标		三级指标	
	指标名称	权重	指标名称	权重
企业信用评价指标体系	管理者素质	0.0887	法人年龄	0.0864
			管理者学历	0.1762
			行业工作年限	0.3585
			正向词汇比	0.1047
			组织协调能力	0.2742

续表

一级指标	二级指标		三级指标	
	指标名称	权重	指标名称	权重
企业信用评价指标体系	企业基本素质	0.3261	企业资产	0.3027
			平均员工数	0.1050
			企业诉讼案件数	0.1267
			企业授信额度	0.1324
			无形资产	0.2213
			碳排放量	0.1119
	企业财务能力	0.2852	流动比率	0.2321
			资产收益率	0.1624
			资产负债率	0.0786
			产权比率	0.0916
			总资产周转率	0.1336
			销售利润率	0.3017
	企业贷款能力	0.1331	担保比例	0.2515
			固定资产质押	0.1752
			利息保障倍数	0.1227
			企业价值倍数	0.3432
			融资约束指数	0.1074
	企业发展潜力	0.1072	非效率投资度	0.1144
			企业景气指数	0.2742
			可持续增长率	0.1063
			投资收益率	0.1602
			研发投入	0.2105
			专利数据	0.1343
	企业生存环境	0.0597	行业景气指数	0.4432
			区域经济发展	0.2914
			网络环境	0.0983
			消费价格指数	0.1671

注：二级指标企业财务能力对应的三级指标流动资产比和应收账款周转率计算得出的权重分别为0.00007和0.00002，由于指标权重太小，可以忽略不计，最终三级指标为32个。

指标权重的确定，无论是从民营企业信用违约风险的信息融合角度还是从民营企业信用违约风险预防政策治理角度都有重要的作用。在信息融合过程中，指标权重能客观地反映各个指标的重要程度，从而使信息融合后的综合评价结果更为客观。从风险预防角度来看，各指标重要程度可直接从指标权重的大小反映出来，使在信用风险防控政策制定过程中，可根据指标权重来把握主要方向、抓住主要问题、解决主要问题，就能快速、高效地降低企业信用违约现象。通过表 5-6 中的指标权重数值可以看出，在对企业的信用违约风险评价过程中，六个二级指标中，二级指标企业基本素质所占的比重最大，该指标的重要程度为 0.3261，然后是指标企业财务能力、企业贷款能力，这两个指标的重要程度分别为 0.2852 和 0.1331，这三个指标占了所有指标的 74.44%，因此，在对民营企业信用违约风险评价和信用违约监测方面，应主要从这三个二级指标角度进行民营企业违约风险的预防。根据以上指标体系权重大小，可以通过二级指标分解到三级指标，得出民营企业信用违约风险主要与企业资产、销售利润、资金流动情况、企业固定资产质押、企业研发投入情况、企业发展趋势、领导者的组织和管理能力以及企业所处的宏观环境等主要因素有关，这些因素对民营企业出现违约风险存在着较大的影响。

第四节　本章小结

本章介绍了各种单一的赋权方法：熵权法、主成分分析赋权法、因子分析赋权法、变异系数赋权法、标准离差赋权法、基尼系数赋权法和灰色关联度赋权法，首先，介绍各个客观赋权法的适用范围和赋权法的优劣；其次，提出传统的组合赋权法的不足；最后，通过对比分析，提出基于有序加权平均算子的多权重组合赋权法。针对传统组合赋权对单一定量赋权法和单一定性赋权法进行组合的不足，本章分析了现有赋权法的不足，提出采用多种赋权法的方式计算指标权重，并采用有序加权平均算子对多种赋权法得到的指标权重进行组合，得到各级指标的组合权重。

第六章　基于极限学习机原理的信用违约风险评价及监测分析

第一节　传统企业信用违约风险评价方法

信用风险是当今经济社会经常面临的主要风险，如银行、企业和个人在投资经营活动中面临的风险主要是信用风险。因此，对信用风险的评价是一个既时髦又古老的话题。信用指对被评价对象的信用状况按照不同的标志进行信用优劣的判断。评价方法是与评价测度相关的，评价方法随着评价测度的不断发展也相应提出了不同测度下的评价方法。当前，学者在对企业信用进行实证分析时，大多数学者采用的评价测度是实数，因此，所建立的评价方法也都是基于实数的评价方法。综合分析现有学者在企业信用评价中的方法，主体分为以下几种：

一、线性加权法

简单线性加权综合评价模型为：

$$z_i = w_1 x_{i1} + w_2 x_{i2} + \cdots + w_m x_{im},\ i = 1,\ 2,\ \cdots,\ n \tag{6-1}$$

其中，z_i 表示第 i 个方案的简单线性加权综合评价值。$w_j(j=1,\ 2,\ \cdots,$

m)表示第 j 个评价指标的指标权重。x_{ij} 表示第 i 个方案在第 j 个评价指标下的评价值。简单线性加权综合评价模型主要针对指标之间相互独立的被评价对象。

该方法计算简单，原理通俗易懂，包含原始指标数值。不足之处是权重的设置比较受主观因素的影响，无法反映某些评价指标的具体影响，从而使评价结果与实际情况不符。

二、层次分析法

线性加权综合评价模型主要是定量分析，随着评价系统复杂性的增加，基于定量分析和定性分析的层次分析法被提出。层次分析法综合评价模型是通过决策者的主观偏好，将影响决策结果的多个因素进行分层，最高层为目标层，最低层为方案层，中间为准则层和子准则层，形成多层递进的层次结构。在层次分析法综合评价过程中，针对父层的某一个准则，对子层的各评价指标的重要性进行两两比较，构造满足互反性的判断矩阵，再利用互反判断矩阵权重导出公式，计算出对应于父层某一准则下的子层各指标权重，再用父层权重对子层指标权重进行组合加权，得到父层对祖父层的组合权重，依次递归计算，最后得到目标层的综合权重向量，按照基于目标层的综合权重向量，即可实现对评价方案的排序和择优。

层次分析法主要是基于决策者的个人主观偏好，将多个评价指标进行分层，不仅使复杂系统简单化，还使每个准则下的评价指标个数较少，便于指标权重的确定和比较，避免指标重要性比较过程中的逆序产生。同时，使用层次分析法获得指标权重是采用了定性和定量综合分析，充分利用了决策者的个人知识和经验，使决策结果更科学。该方法只能从备选的研究对象中判断信用优劣，不能为决策者提供新的思路和方案。

三、非线性加权法

这种方法主要是采用一些非线性方法来对获得的企业信用评价数据进行集结，从而获得评价企业信用的评价结果。最常用的方法是理想解法（TOP-

SIS）、折中可行解决策法（VIKOR）等。

逼近理想点法（又称理想解法，TOPSIS）也是综合评价中常用的评价模型。TOPSIS 综合评价方法是通过预设正、负理想状态，通过度量每个方案的评价向量与正、负理想状态之间的贴近度来实现被评价方案的排序和择优。择优标准是与正理想状态越近，与负理想状态越远的方案，其综合评价越优。

理想解法要求最优方案与正理想解最近，远离负理想解，导致最优方案并不一定是贴近理想解的方案，且容易出现逆序问题，为此，Opricovic（2007）提出一种获得距理想解最近的折中可行解的多属性决策方法 VIKOR，以给出带有优先级的折中方案。

四、统计方法

统计方法主要是利用统计学的方法建立的企业信用评价方法，主要有线性回归、判别分析等参数统计方法和采用贝叶斯网络、最近邻或决策树的非参数统计方法。

统计方法虽然能获得较为理想的评价结果，但是统计方法在当前的大数据时代逐渐表现出其不足之处，统计方法更多的是基于线性回归方法建立起来的，使所建立的模型只能描述因变量和自变量之间的线性关系，对于非线性关系则进行了忽略，这种情况往往导致预测结果的误判，最主要的是在建立回归预测模型之前，还必须对数据进行去共线性处理；且在回归模型建立过程中，关于回归系数的假设检验方面，都是假设数据呈现正态分布，但实际采集的企业信用数据未必是完全满足正态分布。

五、知识学习方法

企业信用违约状态分为违约状态和未违约状态，因此，企业信用违约风险评价其实是一个分类机制，金融服务机构其实只需要通过数据的输入，将所有企业分为信用违约和非信用违约状态即可，因此，可以采用知识学习来对企业信用违约进行评价。这种基于知识学习的信用评价方法主要有神经网络和支持向量机方法。

知识学习方法在逼近能力和企业信用违约精度上均表现出优良的性能，但是基于知识学习的企业信用违约风险评价方法在实际应用中也存在一定的问题。一是实际使用的问题，知识学习算法均是建立在较复杂理论的基础上，在对模型进行学习训练过程中，要不断地进行参数调整和设置，这样就要求使用者必须具有一定的知识积累和专业知识，才能完成合理的参数调整和设置。二是这些算法都需要大量的数据样本进行不断地学习，学习样本越多，分类精度也就越高，但是数据量的增加也会使计算量增加。

综合以上的企业信用违约风险评价方法研究成果，主要面临的问题是：对于获得的评价数据，该采用什么样的信息融合方式，使信息在融合过程中尽可能地减少信息量的损失？该问题其实是要求设计一种科学的综合评价方法。任何一种综合评价方法均是在一定的评价标度下进行的，所以，评价方法的合理性和优良性应该是在确定了评价标度后探讨的问题。在确定了评价标度后，即可在该评价标度下选择合适的综合评价方法，来对评价数据进行有效的信息融合，以给出最终的评价结果用于决策。虽然学者从不同的角度分别给出了一些综合评价方法，但是每种评价方法均存在一定的缺陷。简单加权评价方法对权重的依赖性太重，使决策结果被大权重指标所主导，忽略了小权重对评价结果的影响；TOPSIS 方法在度量被评价对象与正负理想状态之间的距离时，最终的评价结果受到距离测度的影响，不同距离测度公式，可能得到不同的评价结果。在综合评价过程中，应该充分考虑各个方面的因素，尽可能地降低决策结果的不确定性。

针对企业信用违约风险评价的实际问题，如果金融机构需要对其所服务的所有企业进行信用违约风险评价，则可以采用本节所提到的 TOPSIS 方法或是可获得妥协最优解的 VIKOR 方法对所有企业的信用违约状态进行评价和排序，但是在实际企业信用违约风险评价过程中，金融服务机构和投资者更注重的是单个企业是否会发生信用违约情况，即在获得相关评价数据时，金融服务机构只关心的是该企业是否会发生信用违约，投资者更是如此。因此，TOPSIS 方法和 VIKOR 方法不适用于单个企业的信用违约风险评价，本书根据企业信用违约风险评价的实际情况，提出一种基于智能算法的企业信用违约风险评价方法——极限学习机评价方法。

第二节　极限学习机原理及应用领域

企业信用违约状态只有违约和不违约两种情况，因此，可以将企业信用违约看作是一个分类问题，即通过研究企业的相关历史数据，可以建立一个分类模型，当获得单个企业的相关信息后，将该信息输入到分类模型，即可得到企业信用是否违约的结论。基于此，本节主要尝试建立一个基于极限学习机的企业信用违约风险评价方法。

一、神经网络和激活函数

1943 年，神经解剖学家麦克洛奇和数学家皮兹结合神经生理学和数理逻辑，提出了一种假定遵循“有或无”规则的 M-P 简单神经网络模型，标志着神经网络的诞生。麦克洛奇和皮兹指出，如果满足该假设条件的简单神经元数目足够多，适当设置连接权值并进行同步操作，该模型可逼近任何函数。神经网络是由神经元组成，一个神经元的结构如图 6-1 所示。

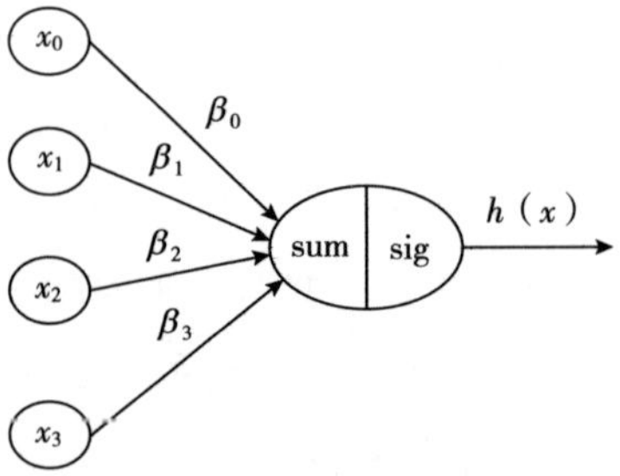

图 6-1　神经元结构

图 6-1 为一个从输入到输出运算的单神经元模型，其中左边为输入层，

x 表示输入数据，箭头表示输入节点与中间节点的连接，连接线上的值称为连接“权重”或者“权值”，该单神经元模型先完成各输入数据的加权融合，在通过激活函数对融合数据进行运算，得到单神经元的输出结果。多个神经元连接在一起就构成了人工神经网络，其结构如图 6-2 所示。

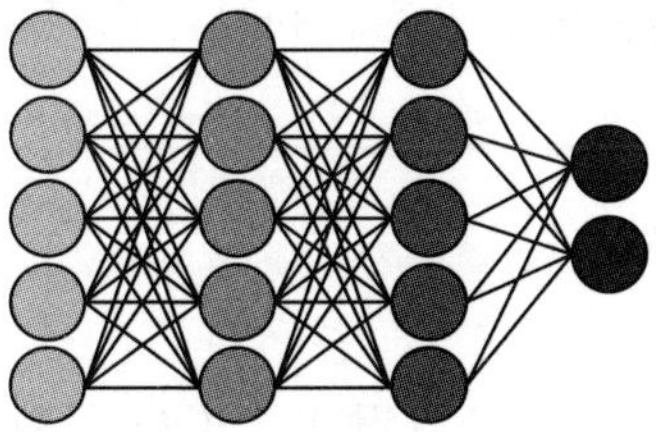

图 6-2 神经网络结构

用于连接隐含层神经元与输出神经元的激活函数（Activation Function），主要用来实现输入与输出之间的非线性映射。激活函数一般选择光滑、连续、有界的非线性函数。常用激活函数如下：

（一）Sigmoid 函数（简称 S 型函数）

Sigmoid 函数为单调递增函数，且将变量映射到区间［0，1］内，是早期最常用的一种激活函数。其表达式为：

$$f(x)=\frac{1}{1+e^{-x}} \tag{6-2}$$

Sigmoid 函数的特点是能把连续输入值映射到区间［0，1］内，且将负无穷大的数映射为 0，正无穷大的数映射为 1。Sigmoid 函数也存在一定的缺点，在深度神经网络的反向传播学习时容易产生梯度保证和梯度消失，且梯度消失的出现概率较大。Sigmoid 函数输出的为非零均值输出，容易导致后层神经元的输入为非零均值信号，在反向传播求权值时出现正值梯度，影响反向传播迭代过程的收敛速度。另外，Sigmoid 函数导致解析式中含有幂运算，在大规模神经网络运算总会增加训练时间。

（二）Tanh 函数

Tanh 函数是一种双曲正切函数，其表达式为：

$$f(x)=\frac{e^{x}-e^{-x}}{e^{x}+e^{-x}} \tag{6-3}$$

Tanh 函数解决了 Sigmoid 函数中不是零均值的输出问题，但依然解决不了反向传播计算过程中的梯度消失问题和幂运算问题。

（三）Relu 函数

Relu 函数的表达式为：

$$f(x)=\max(0,\ x) \tag{6-4}$$

根据 Relu 函数的计算公式可以看出，Relu 函数就是一个求最大值函数。Relu 解决了梯度消失和幂运算问题，计算速度非常快，是当前人工神经网络最常用的激活函数。但是 Relu 函数的输出依然不是零均值输出，且容易出现死区问题，导致有些参数永远不能实现更新。

（四）Leaky Relu 函数（PRelu）

Leaky Relu 函数（PRelu）的表达式为：

$$f(x)=\max(\alpha x,\ x) \tag{6-5}$$

通常参数 α 的取值为 $\alpha=0.01$ 或采用参数寻优的方法计算出来。Leaky Relu 函数不仅具有 Relu 函数的优势，还解决了 Relu 函数中存在的死区问题，但在实际计算中发现，Leaky Relu 函数并不一定比 Relu 函数好。

（五）ELU（Exponential Linear Units）函数

ELU 函数的表达式为：

$$f(x)=\begin{cases}x & \text{if}\quad x>0\\ \alpha(e^{x}-1) & \text{其他}\end{cases} \tag{6-6}$$

ELU 函数的提出主要是为了解决 Relu 函数存在的问题，ELU 函数不仅具有 Relu 的优点，还具有输出均值在零附近，不存在死区问题，但 ELU 函数的计算量比 Relu 函数大，性能优势也不突出。

神经网络的优点可总结为以下几点：

（1）具备较强的非线性映射能力。经过理论证明可知，在中间节点足够多的条件下，三层神经网络能以任意给定精度来逼近任何给定非线性函数，说明对任何非线性系统，均可用三层神经网络逼近，具有较强的非线性映射能力。

（2）具备自学习和自适应能力。神经网络通过不断的样本训练和学习，将学习过程中的内容记录在网络权值中，逐步实现输出数据和输入数据之间的规则逼近，实现高度自学习和自适应。

（3）具备泛化能力。采用神经网络作为分类器时，采用样本数据对网络经过训练后，不仅能对训练样本进行准确的分类，还能对未进入模型训练的测试样本实现正确分类。

（4）具备容错能力。神经网络节点众多，即便出现局部或者部分的神经元破坏，也不会影响整个网络的学习和逼近能力，网络结构具有较强的容错能力。

神经网络在实际应用中也凸显出一定的缺陷，神经网络的网络结构复杂度高，当节点数过多时，出现计算量大、训练时间较长、学习效率较低等问题。

二、极限学习机原理与模型

新加坡教授黄广斌（Huang，2003）针对以上的一些问题对前馈神经网络进行研究，发现前馈神经网络的学习能力只和隐藏层节点的数目有关，和网络的输入层的权值无关。根据这一思想黄广斌等（Huang et al.，2004）提出了一种前馈神经网络的新的学习算法并称之为极限学习机（Extreme Learning Machine，ELM）。该算法的大体思想是随机产生前馈网络的输入权值和隐层，通过求解输出权值的最小二乘范数解来完成网络的训练。

极限学习机研究主要集中在两方面：一方面是进行极限学习机自身算法模型研究；另一方面则是扩展极限学习机的实际应用领域。极限学习机最初主要是作为良好的预测模型和分类模型而应用于相关领域，如电力系统、测量建模等实际预测领域和人类行为识别、癫痫识别、图像分析等识别领域，都获得了良好的学习效果。极限学习机的应用领域这几年不断扩展，已经广泛运用于经济学领域的分类应用研究中。极限学习机的结构如图 6-3 所示。

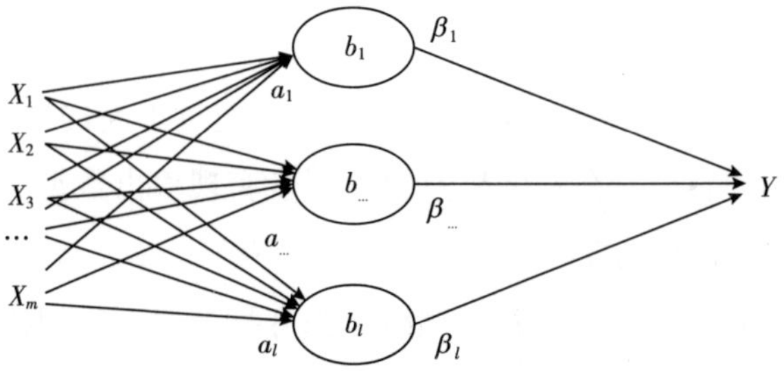

图 6-3　极限学习机结构

在图 6-3 中，向量 $X=\{X_1, X_2, \cdots, X_m\}$，为企业信用违约风险评价的输入数据，考虑到每个指标的重要程度不一样，为客观反映每个指标的重要性，极限学习机系统实际输入数据为对三级指标进行指标加权后得到的二级指标下的指标加权综合值。$Y=\{Y_1, Y_2, \cdots, Y_m\}$为最终的企业信用违约状态输出数据，根据信用违约风险评价系统的需求，此处的 Y 一般取值为-1 和 1，（其中，-1 表示违约，1 表示不违约）。

针对训练集（X，Y）具有以下关系：

$$Y = \sum_{i=1}^{l} g(a_i, b_i, X)\beta_i \tag{6-7}$$

其中，a_i、b_i 表示第 i 个隐含层的参数。$g(a_i, b_i, x_i)$为第 i 个隐含层的驱动函数或激活函数。β_i 是第 i 个隐含层到输出的连接权值 $\beta=(\beta_1, \beta_2, \cdots, \beta_l)$。

当选择好激活函数 $g(x)$，确定隐含层参数(a_i, b_i)，训练好连接外权 β 后，即可形成如下的基于 ELM 的企业信用违约风险评价模型：

$$\widetilde{Y}=g(a_1x-b_1)\beta_1+g(a_2x-b_2)\beta_2+\cdots+g(a_lx-b_l)\beta_l \tag{6-8}$$

基于极限学习机的企业信用违约风险评价算法的步骤为：

（1）确定隐含层神经元 L 个数，随机设置隐含层参数(a_i, b_i)。

（2）选择一个无限可微的函数作为隐含层神经元的激活函数，进而计算隐含层输出矩阵 H。

（3）采用相关参数辨识算法，计算输出层权值 β。

（4）将企业信用违约风险评价数据 X 作为输入数据，输入到评价式（6-8）中。

根据输出结果 Y 的值，确定企业是否发生信用违约。

当获得企业信用违约各二级指标的数据后，将其输入到上面的系统，即可得到该企业的输出 Y，根据 Y 值来判别企业是否会发生企业信用违约。在基于极限学习机的企业信用违约风险评价方法中，模型中的激活函数 $g(x)$ 和隐含层参数 $(a_i,\ b_i)$ 是给定的，因此，核心问题是连接外权的确定。

极限学习机自身算法模型研究，主要研究方向如下：

（1）随机生成参数的优化。由于隐含层节点参数随机选取，从而使隐含层不具有调节功能，因此，隐含层元在构建的单隐含层网络中没起多大的作用。在不影响 ELM 算法学习能力和预测能力的情况下，对其隐含层进行优化显得更加重要。黄广斌（2017）提出 CS-ELM 和 TS-ELM，用不同的方法对随机生成的隐含层节点参数进行筛选，淘汰显著性较弱的隐含层，来实现对已得 ELM 算法的优化。Wang 等（2011）提出了对角占优的方法（EELM）来优化隐含层节点参数，因此保证了隐含层输出矩阵的非奇异性，提高了 ELM 算法的稳定性。Rong 等（2008）提出了 P-ELM 针对分类问题的 ELM 算法，利用统计学原理，裁剪对网络分类效果影响较弱的隐含层来实现网络结构的优化。

（2）最优隐含层节点个数的选取。关于隐含层节点个数的设置还没有统一的理论，一般根据经验确定隐含层节点个数的取值范围为［5，20］。隐含层节点过少会导致无法收敛，隐含层节点过多会导致过拟合，因此通常会在能满足收敛的前提下选择较少的隐含层节点数。针对 ELM 算法需要较多的隐含层节点个数来弥补隐含层节点参数随机选取带来的缺陷这一问题，Huang 等（2006）提出了 I-ELM 和 EI-ELM 来优化随机选取的隐含层节点参数，从而大大简化了 ELM 算法的复杂程度，提高了其优化效率。然而由上述算法过程可知，最终确定的外权并不能保证是相应单隐含层的最优外权。针对该问题，黄广斌（2017）提出了 EM-ELM，实现了在增加隐含层元的过程中求得相应单隐含层的最优外权，同时又避免了对上一级隐含层输出矩阵的重复计算。

（3）ELM 核函数。在原始的 ELM 算法中，黄广斌（2017）提出了对应于加法型隐含层节点网络算法以及径向基型隐含层节点的单隐含层网络的 ELM 算法，利用该方法所构建的 ELM 算法比 Extreme SVMs 有着更少的约束条件和更好的学习能力。

（4）在线 ELM 算法。在很多情况下，数据的采集往往是一个在线过程，也就是说，所有的样本数据不能一次性得到，而是每隔一定的时间得到一批数据。由于样本不能同时得到，这样就使数据的训练过程变得非常复杂。针对这一情况，黄广斌（2019）提出了处理在线数据的 OS-ELM，该方法有效地将新旧样本的训练衔接在一起，同时避免了对已有数据的多次重复训练。

第三节　极限学习机外权辨识算法

一、极限学习机离线外权辨识算法

在基于极限学习机的企业信用违约风险评价过程中，外权 β 的辨识和估计是实现企业信用违约风险评价的关键技术。外权的确定一般是通过采集历史样本，通过样本训练来实现外权的辨识。下面给出外权的辨识方法：

采集 m 个样本点，(x_1, y_1)，…，(x_m, y_m)，根据极限学习机的原理，存在如下关系式：

$$
\begin{aligned}
y_1 &= g(a_1x_1-b_1)\beta_1+g(a_2x_1-b_2)\beta_2+\cdots+g(a_lx_1-b_l)\beta_l \\
y_2 &= g(a_1x_2-b_1)\beta_1+g(a_2x_2-b_2)\beta_2+\cdots+g(a_lx_2-b_l)\beta_l \\
&\vdots \\
y_m &= g(a_1x_m-b_1)\beta_1+g(a_2x_m-b_2)\beta_2+\cdots+g(a_lx_m-b_l)\beta_l
\end{aligned}
\tag{6-9}
$$

令 $H=\begin{bmatrix} g(a_1x_1-b_1) & g(a_2x_1-b_2) & \cdots & g(a_lx_1-b_l) \\ g(a_1x_2-b_1) & g(a_2x_2-b_2) & \cdots & g(a_lx_2-b_l) \\ \vdots & \vdots & \ddots & \vdots \\ g(a_1x_m-b_1) & g(a_2x_m-b_2) & \cdots & g(a_lx_m-b_l) \end{bmatrix}\beta=\begin{bmatrix}\beta_1\\ \beta_2\\ \vdots\\ \beta_l\end{bmatrix}Y=\begin{bmatrix}y_1\\ y_2\\ \vdots\\ y_m\end{bmatrix}$，

则：

$$Y=H\beta \tag{6-10}$$

此处默认为矩阵 H 是行满秩的，对于 H 不是行满秩的情况，学者给出了对应的参数赋值方法，以保证矩阵 H 是行满秩。保证矩阵 H 是行满秩的不是本书的研究重点，因此，本书假设矩阵 H 是行满秩的。当 $m=l$ 时，该线性方程组有唯一解，用解代数方程的方法可直接计算出外权 β 的数值，但是在样本选择过程中，一般是样本容量的数目要远远超过隐含层节点的个数，因此 $m\neq l$，此时采用解代数方程的方法不能快速确定外权 β，只能采用数理统计的方法求 β。对于矩阵 H 不是方阵的情况，即 $m\neq l$ 时，可以用最小二乘法来求 β。最小二乘法所要达到的目标是残差的平方和为最小，即：

$$\min\mu(\beta)=(Y-\hat{Y})^T(Y-\hat{Y})=(Y-H\beta)^T(Y-H\beta) \tag{6-11}$$

对式（6-11）关于参数 β 求导，并令导数为 0，即：

$$\frac{d\mu(\beta)}{d\beta}=-2H^T(Y-H\beta)=0 \tag{6-12}$$

$$H^T(Y-H\beta)=0 \tag{6-13}$$

建立基于极限学习机的企业信用违约风险评价模型时，在构造矩阵 H 时，避免了矩阵 H 的奇异性，使矩阵 $[H^TH]$ 可逆，则得极限学习机的外权辨识计算公式为：

$$\beta=[H^TH]^{-1}H^TY \tag{6-14}$$

$\mu(\beta)$ 取得极小值的充分条件是：

$$\frac{d\mu^2(\beta)}{d\beta^2}=-2H^TH\geqslant 0$$

$$H^TH>0 \tag{6-15}$$

即，H^TH 为正定矩阵。

在极限学习机的外权辨识中，采用最小二乘法实现极限学习机的外权参数辨识，其外权辨识流程如图 6-4 所示。

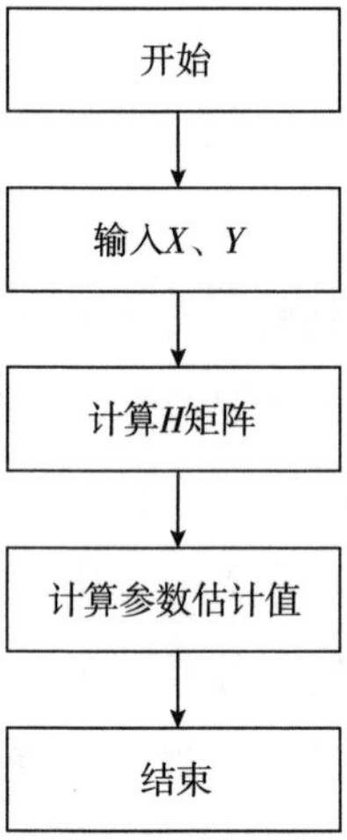

图 6-4　最小二乘法参数辨识流程

二、极限学习机在线外权辨识算法

在上面所给出的基于最小二乘法确定极限学习机的外权时，需要采集所有企业的信用违约数据，之后一次性输入到极限学习机企业信用违约风险评价模型中，来实现极限学习机外权的计算，这样在实际操作过程中存在一定的不合理性，一是同时大批量数据的一次性输入会占用更多的计算机内存，且计算量也非常大；二是大量的样本数据输入会导致过拟合现象；三是当获得新的数据，如果要实现外权的调整，则需要重新计算，增加计算量。因此，在建立基于极限学习机的企业信用违约风险评价过程中，当采用最小二乘法来实现对极限学习机外权的辨识时，虽然能一次性获得较为精确的外权数值，但是算法的成本较大。

在企业信用违约的动态评价过程中，企业信用违约风险评价是一个动态的、可持续的评价过程，会不断地有新的企业信用违约风险评价数据和实际违约信息被提交到企业信用违约风险评价模型中，以实现对企业信用违约风险评价模型进行调整，这样就存在数据的不断更新，因此，采用基于离线方法实现企业信用违约风险评价模型的极限学习机外权辨识并不适用于企业信用违约的动态评价需求，下面建立基于递归辨识算法的在线企业信用违约风险评价模型外权确定算法。

设前期采集的企业个数为 m，将 m 个企业的信用违约风险评价数据代入企业信用违约风险评价模型中，得到 m 个方程，把式(6-10)中的 Y、H 分别用 Y_m、H_m 来代替，即：

$$Y_m = H_m \beta_m \tag{6-16}$$

用 $\hat{\beta}_m$ 表示 β 的最小二乘估计，则：

$$\beta_m = [H_m^T H_m]^{-1} H_m^T Y_m \tag{6-17}$$

令 $p_m = [H_m^T H_m]^{-1}$，则：

$$\beta_m = p_m H_m^T Y_m \tag{6-18}$$

在对企业信用违约进行动态评价过程中，会逐步引入新的企业进行信用违约风险评价，此时，即可得到新的企业信用违约风险评价数据（x_{m+1}，y_{m+1}），根据基于极限学习机的企业信用违约风险评价模型，则又加一个方程：

$$y_{m+1} = g(a_1 x_{m+1} - b_1)\beta_1 + g(a_2 x_{m+1} - b_2)\beta_2 + \cdots + g(a_l x_{m+1} - b_l)\beta_l \tag{6-19}$$

简单记为：

$$y_{m+1} = H_{m+1}^T \beta \tag{6-20}$$

联合式（6-16）和式（6-20）并写成分块矩阵形式，可得：

$$\begin{bmatrix} Y_m \\ \vdots \\ y_{m+1} \end{bmatrix} = \begin{bmatrix} H_m \\ \vdots \\ H_{m+1}^T \end{bmatrix} \beta \tag{6-21}$$

根据式（6-21），同样采用最小二乘法，可以得到极限学习机新的外权估值：

$$\hat{\beta}_{m+1} = \left\{ \left[\begin{bmatrix} H_m \\ \vdots \\ H_{m+1}^T \end{bmatrix}^T \begin{bmatrix} H_m \\ \vdots \\ H_{m+1}^T \end{bmatrix} \right] \right\}^{-1} \begin{bmatrix} H_m \\ \vdots \\ H_{m+1}^T \end{bmatrix}^T \begin{bmatrix} Y_m \\ \vdots \\ y_{m+1} \end{bmatrix}$$

$$=p_{m+1}[H_m{}^T Y_m + H_{m+1} y_{m+1}] \tag{6-22}$$

$$p_{m+1}=\left\{\left[\begin{bmatrix} H_m \\ \vdots \\ H_{m+1}^T \end{bmatrix}^T \begin{bmatrix} H_m \\ \vdots \\ H_{m+1}^T \end{bmatrix}\right]\right\}^{-1}=[H_m{}^T H_m + H_{m+1}\ H_{m+1}^T]^{-1} \tag{6-23}$$

$$p_{m+1}=[p_m^{-1}+H_{m+1}\ H_{m+1}^T]^{-1} \tag{6-24}$$

其中，$p_m^{-1}=H_m^T H_m$。由矩阵求逆引理：

$[A+BC^T]^{-1}=A^{-1}-A^{-1}B[I+C^T A^{-1}B]^{-1}C^T A^{-1}$ 和式（6-24）得：

$$p_{m+1}=p_m-p_m H_{m+1}[1+H_{m+1}^T p_m H_{m+1}]^{-1} H_{m+1}^T p_m$$

$$p_{m+1}=p_m-\frac{p_m H_{m+1}\ H_{m+1}^T p_m}{1+H_{m+1}^T p_m H_{m+1}} \tag{6-25}$$

由式（6-22）和式（6-25）得：

$$\begin{aligned}\hat{\beta}_{m+1}&=p_{m+1}[H_m^T Y_m+H_{m+1}y_{m+1}]\\ &=p_{m+1}[(H_m^T H_m)(H_m^T H_m)^{-1}H_m^T Y_m+H_{m+1}y_{m+1}]\\ &=p_{m+1}[p_m^{-1}\hat{\beta}_m+H_{m+1}y_{m+1}]\end{aligned} \tag{6-26}$$

将 $p_m^{-1}=H_m^T H_m$、式（6-25）代入式（6-26）得：

$$\hat{\beta}_{m+1}=\hat{\beta}_m-\frac{p_m H_{m+1}H_{m+1}^T\hat{\beta}_m}{1+H_{m+1}^T p_m H_{m+1}}+p_m H_{m+1}y_{m+1}-\frac{p_m H_{m+1}H_{m+1}^T p_m H_{m+1}y_{m+1}}{1+H_{m+1}^T p_m H_{m+1}} \tag{6-27}$$

式（6-27）的后两项为：

$$p_m H_{m+1}y_{m+1}-\frac{p_m H_{m+1}H_{m+1}^T p_m H_{m+1}y_{m+1}}{1+H_{m+1}^T p_m H_{m+1}}=\frac{p_m H_{m+1}}{1+H_{m+1}^T p_m H_{m+1}}(1+H_{m+1}^T p_m H_{m+1})y_{m+1}-$$

$$\frac{p_m H_{m+1}H_{m+1}^T p_m H_{m+1}y_m+1}{1+H_{m+1}^T p_m H_{m+1}}=\frac{p_m H_{m+1}}{1+H_{m+1}^T p_m H_{m+1}}y_{m+1}$$

所以，

$$\hat{\beta}_{m+1}=\hat{\beta}_m+\frac{p_m H_{m+1}}{1+H_{m+1}^T p_m H_{m+1}}(y_{m+1}-H_{m+1}^T\hat{\beta}_m) \tag{6-28}$$

令 $K_{m+1}=\dfrac{p_m H_{m+1}}{1+H_{m+1}^T p_m H_{m+1}}$则得到极限学习机的外权递归估计式如下：

$$\hat{\beta}_{m+1}=\hat{\beta}_m+K_{m+1}(y_{m+1}-H_{m+1}^T\hat{\beta}_m) \tag{6-29}$$

$$K_{m+1}=\frac{p_m H_{m+1}}{1+H_{m+1}^T p_m H_{m+1}} \tag{6-30}$$

$$p_{m+1}=p_m-\frac{p_m H_{m+1}\ H_{m+1}^T p_m}{1+H_{m+1}^T p_m H_{m+1}} \tag{6-31}$$

其中，K_{m+1} 称为增益矩阵，$K_{m+1}(y_{m+1}-H_{m+1}^T\hat{\beta}_m)$为修正项。

极限学习机在线外权辨识流程如图 6-5 所示。

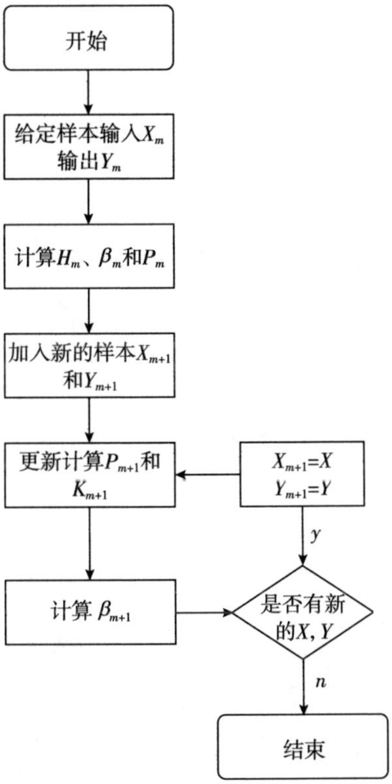

图 6-5　极限学习机在线外权辨识流程

递归参数辨识算法的优点为对计算机存储量的要求不大，辨识精度随着观测次数的增加而提高，适用于在线辨识和参数估计。尤其是适应性算法，具有很强的跟踪时变参数的能力。

三、带遗忘因子的极限学习机在线外权辨识算法

上面提出的递归参数辨识算法也存在一定的缺点：当实际企业信用违约风险评价结果与模拟结果的误差存在时，K_{m+1} 越大，表示对上次估计量的修正程度越大，出现数据饱和现象，递推运算在有限字长的数字计算机上进行时，每次递推都会出现舍入误差。数据饱和后，舍入误差增大，造成参数估计量与真实参数之间愈来愈大的误差。为此，需要对递归参数辨识算法进行修正。下面给出带有遗忘因子的极限学习机外权辨识算法。

遗忘因子是用指数加权的方式来忽略过去数据的作用。

$$J(\hat{\beta}_{m+1})=\alpha J(\hat{\beta}_m)+(y_{m+1}-H_{m+1}^T\hat{\beta}_m)^2 \tag{6-32}$$

其中，$0<\alpha<1$，称为遗忘因子。当 $\alpha=1$ 时，与标准最小二乘法的指标函数是一样的。

当 $0<\alpha<1$ 时，参数 $\hat{\beta}_{m+1}$ 的新信息 $(y_{m+1}-H_{m+1}^T\hat{\beta}_m)$ 得到强调，而旧的信息被逐渐遗忘。遗忘因子法实质是指数加权二乘法的递推计算，其递推公式为：

$$\hat{\beta}_{m+1}=\hat{\beta}_m+K_{m+1}(y_{m+1}-H_{m+1}^T\hat{\beta}_m) \tag{6-33}$$

$$K_{m+1}=p_mH_{m+1}(\alpha+H_{m+1}^Tp_mH_{m+1})^{-1} \tag{6-34}$$

$$p_{m+1}=\frac{p_m}{\alpha}-\frac{p_m}{\alpha}H_{m+1}(\alpha+H_{m+1}^Tp_mH_{m+1})^{-1}H_{m+1}^Tp_m \tag{6-35}$$

关于遗忘因子 α 的选择，可以利用式（6-36）计算：

$$\alpha(k)=\alpha_0(k-1)+(1-\alpha_0) \tag{6-36}$$

典型取值 $\alpha(0)=0.95$，$\alpha_0=0.99$，其效果是在算法的开始阶段加强对瞬变过程的指数性数据加权。一般情况下，$\alpha=0.95\sim0.99$ 比较适宜，太小会降低参数估计的精度。

第四节　民营企业信用违约风险评估实证分析

下面分别建立基于离线极限学习机、在线极限学习机、带遗忘因子极限

学习机的企业信用违约风险评价模型，并分析三种基于极限学习机的企业信用违约风险评价模型的有效性和可靠性。

一、样本数据集说明

数据集说明：本仿真数据依然采用之前所采集的 186 个民营企业的信用相关数据，在数据处理上，为降低计算量和问题的复杂度，本节先对 186 个民营企业的三级指标数据进行指标加权，得到六个二级指标下的指标加权数据，并将六个二级指标下的指标加权数据作为极限学习机的输入数据。同时，对 186 个民营企业中出现信用违约的企业，极限学习机输出标为-1；未出现违约的企业，极限学习机输出标为 1。因此，极限学习机的输出只有-1 和 1。

极限学习机是采用样本学习来提升其分类精度的，因此，本节将所采集的 186 个民营企业的数据分为学习训练样本集和测试样本集。学习训练样本集的主要作用是用来训练极限学习机企业信用违约风险评价模型，以提升该信用违约风险评价模型的分类精度，而测试样本集则主要是对训练好的信用违约风险评价模型进行分类精度检验，一般来说，学习训练样本集和测试样本集中的企业不重复。本次数值仿真过程中，学习训练样本集中的企业个数为 150 个，剩下的 36 个企业作为极限学习机企业信用违约风险评价模型的测试样本。

为检验极限学习机的分类精度，本节定义如下的精度度量指标：

$$精度=\left(1-\frac{分类错误个数}{样本总个数}\right)\times 100\% \tag{6-37}$$

在模型训练过程中，该精度指标将作为信用违约风险评价模型精度的主要指标。

二、极限学习机模型隐层节点确定

在离线极限学习机学习训练过程中，涉及隐层节点数 L 的确定，节点数 L 的大小直接关系到所建立的企业信用违约风险评价模型的分类精度，因此，需要先确定模型的隐层节点数。考虑到极限学习机中的输入权值和偏置值都是随机产生的，为剔除随机性对隐层节点的影响，从最少的隐含层节点个数开始对网络进行训练，通过不断调整隐含层节点个数，本节采用同一隐层节点数下多次数值仿真，并将多次仿真精度的均值作为本隐层节点数下的精度，得到不同隐含层结构下的训练精度与测试精度。本节以隐层节点数为 4 开始，逐步增加隐层节点数的形式进行数值仿真，得到表 6-1 的仿真结果。

表 6-1　离线极限学习机隐层节点数仿真结果　　单位：%

节点数 L	4	6	8	10	12	13	14	**15** *	16	17	19	21
训练精度	69.1	58.5	70.5	72.8	82.2	80.7	85.0	**94.2** *	95.1	95.6	95.7	96.1
测试精度	61.2	53.7	68.8	70.4	78.1	79.0	83.8	**89.9** *	83.1	83.3	81.9	60.9

注：* 表示此节点数之后训练精度增幅平缓。

由表 6-1 训练结果可以看出，利用 150 个企业的信用违约样本数据建立的极限学习机信用违约风险评价模型中，当对 150 个训练样本企业进行精度检验时，极限学习机模型的训练精度会随着隐含层节点数 L 的增加而逐渐增加，但是在节点数 L>15 之后，训练精度的增幅变得较为平缓。同样，将 36 个测试样本代入训练好后的信用违约风险评价模型中，测试精度也是随着节点数的增加逐步增加，但是在节点数为 15 时，测试精度达到最高为 89.9%，随后出现下降的趋势。综合仿真分析得到：基于本书所选择的 186 个企业样本数据，在建立基于离线极限学习机的企业信用违约风险评价模型时，极限学习机的隐含层节点数应该取 15 个，因此，本节以下所建立的离线极限学习机企业信用违约风险评价模型的隐含层节点数为 15 个。

三、三类极限学习机模型对比分析

本章共提出三种企业信用违约风险评价模型，分别为离线极限学习机企业信用违约风险评价模型、在线极限学习机企业信用违约风险评价模型和带遗忘因子的在线极限学习机企业信用违约风险评价模型，为验证三种极限学习机企业信用违约风险评价模型的分类精度和计算速度，分别采用学习训练样本集和测试样本集来对三种企业信用违约风险评价模型的分类精度进行对比分析。

极限学习机是通过不断学习，逐步实现高精度的企业信用违约状态判别。考虑到在线极限学习机在最初的学习过程中，因样本企业数不够，其分类精度肯定不高，只有随着样本企业数的增加才能提升极限学习机的违约状态判别精度，基于此，在对三种企业信用违约风险评价模型的违约状态判别精度进行分析时，本节针对基于在线极限学习机的信用违约风险评价模型，将所有学习训练样本用完后的模型作为最终的测试模型。

在对比三种模型的企业信用违约状态判别（即分类）精度的同时，各种算法的训练时间、内存占有量也是一个值得关注的问题，因此，本节从精度、训练时间（可以考虑不要）、峰值内存三个方面来进行对比分析。通过数值仿真分析，最终得到三种极限学习机企业信用违约风险评价模型的精度和训练时间，如表 6-2 所示。

表 6-2 三种极限学习机数值仿真结果

	离线极限学习机	在线极限学习机	带遗忘因子极限学习机
训练时间（秒）	64.90	52.25	32.18
峰值内存（MB）	245	58	57
训练精度（%）	88.07	91.33	94.00
测试精度（%）	86.11	88.89	91.67

通过对三种不同类型的极限学习机企业信用违约风险评价模型的数值仿真结果进行对比分析，可得到如下结论：

（1）在线极限学习机显著降低内存消耗量。通过表 6-2 可以看出，三种极限学习机企业信用违约风险评价模型中，基于在线极限学习机的信用违约风险评价模型的峰值内存为 58MB，而离线极限学习机信用违约风险评价模型的峰值为 245MB，可见，采用在线极限学习机能有效地降低传统的离线极限学习机模型的内存消耗量，主要原因是离线极限学习机在训练外权时，一次性将 150 个样本企业数据输入到系统，计算输出矩阵 H，并对 H 矩阵计算广义逆，导致占用的内存量较大；而在线极限学习机信用违约风险评价模型中，则建立的是递推算法，只需要存储一个初值矩阵，并对其进行简单运算，计算量和存储量显著降低。

（2）在线极限学习机与离线极限学习机拥有相同的精度。通过对表 6-2 中的训练精度和测试精度数据进行对比分析可以看出，离线极限学习机的训练精度为 88.07%，测试精度为 86.11%，而在线极限学习机的训练精度为 91.33%，测试精度为 88.89%，在线学习机的精度相对于离线极限学习机的精度稍微好一点，说明在线和离线两种极限学习机的训练精度和测试精度几乎相同，在线极限学习机依然能达到较好的企业信用违约判别要求。

（3）带遗忘因子极限学习机要比在线极限学习机的精度高。带遗忘因子的极限学习机的训练精度为 94.00%，测试精度为 91.67%；在线极限学习机的训练精度为 91.33%，测试精度为 88.89%。可见，当采用了遗忘因子后，在线极限学习机的学习和训练精度都得到有效提升。

（4）在线极限学习机学习训练时间更少。离线极限学习机的学习时间为 64.90 秒，带遗忘因子极限学习机的学习时间为 32.18 秒，而在线极限学习机的学习时间为 52.25 秒。可见，在三种极限学习机中，带遗忘因子极限学习机的学习时间最少。离线极限学习机之所以消耗更多的时间，是因为离线极限学习机要对输出矩阵 H 计算广义逆，消耗了大量的时间；带遗忘因子极限学习机所消耗的时间比在线极限学习机消耗的时间少 20.07 秒。

通过以上的分析可以看出，针对离线极限学习机企业信用违约风险评价模型、在线极限学习机企业信用违约风险评价模型和带遗忘因子极限学习机企业信用违约风险评价模型三者来说，无论从峰值内存、学习训练精度还是测试精度来看，带遗忘因子的极限学习机企业信用违约风险评价模型具有更优的性能，带遗忘因子的极限学习机企业信用违约风险评价模型在学习时间上要比在线极限学习机企业信用违约风险评价模型的学习时间要短一点，因此，在建立企业信用违约风险评价模型时，应该建立基于带遗忘因子极限学习机的企业信用违约风险评价模型，并将其用于对企业信用违约状态的判别。

综上所述，传统的分类方法已经不能很好地解决复杂性的分类问题，极限学习机技术在计算机理论高速发展的当今，在模式识别与分类、自动控制、预测等方面越来越体现它的优越性，通过极限学习机方法的运行，能够从海量的繁杂数据中发现其内在的规律。克服了传统分类方法分析过程中的复杂性及选择模型函数形式的困难，为解决问题带来了极大的方便。该方法经过对带噪声的样本数据进行训练后，可以量化训练样本所隐含的内在特征关系，并对新的样本数据进行内插和外推的方法进一步判断新样本的分类。特别是对于大数据的处理，这是传统分类方法无法比拟的。

第五节　评价模型应用及监测分析

民营企业信用违约风险评价模型应用的基本思路是：首先，基于民营企业的财务和非财务数据进行建立评价模型，根据指标体系的构建找出对民营企业信用违约有显著性影响的主要指标。其次，根据前文指标体系权重计算可以得出企业资产、销售利润、资金流动情况、企业固定资产质押、企业研发投入情况、企业发展趋势、领导者的组织和管理能力以及企业所处的宏观环境等主要因素对民营企业的信用风险的有影响显著。最后，根据这些重要指标数值建立的评价模型，以此模型识别和预测企业未来违约的情况。通过建模过程和应用分析，发现信用违约风险监测指标是企业违约风险监测机制的核心内容，监测指标选择得恰当，才能真正发挥模型监测功能和防范风险的作用，采取相应的措施提前降低企业信用违约风险。如果评价模型不能够发现并发出主要监测指标信号，无法给金融机构和投资者预留出足够的时间采取措施，即使建立了完美的信用评价模型也毫无意义。

一、模型应用

根据以上民营企业的信用风险评价模型分析得出，在 186 家民营企业中，用于训练模型的 150 个企业和用于测试模型的 36 个企业中，带遗忘因子的极限学习机模型的训练精度和预测精度分别为 94.00%和 91.67%，从上述比较结果和模型预测结果来看，三组极限学习机评价模型中，带遗忘因子的极限学习机是较好的民营企业信用违约风险评价模型。结合前面表 5-6 指标体系中各个权重数值的大小，可以对民营企业的信用状况进行判别，具体应用如下：

（1）表 6-2 样本训练结果和测试结果表明，在对民营企业样本的违约情况进行评价时，带遗忘因子极限学习机的训练精度和预测精度准确率均高于离线极限学习机和在线极限学习机模型，本章构建的带遗忘因子极限学习机模型效果均较好。我们更关注对金融机构和投资者影响更大的违约样本的判别准确率，在对 36 个违约企业（ST）样本的违约状态进行评价时，仅有一个被判别为非 ST 企业，判别准确率为 97.22%，这类企业判别准确率更高，说明本章构建优选的带遗忘因子极限学习机信用评价模型可以用来评价民营企业的信用状况。

（2）金融机构或投资者欲评价一个民营企业的信用状况，首先从各个可靠渠道获取民营企业上述指标体系中的 34 个评价指标数值；其次根据指标的性质先对原始指标数据进行数据标准化处理，得到可以比较和计算的数据；再次根据各个三级指标的权重计算出对应的二级指标数值；最后把得到的六个二级指标数值输入训练好的带遗忘因子极限学习机模型中，根据输出的结果是-1 还是 1，就可以判断出该企业的信用违约状况。

（3）通过带遗忘因子极限学习机模型对评价民营企业的信用风险状况进行评价后，如果评价输出结果是 1，说明该企业近期信用状况良好，金融机构可以进行贷款业务或其他相关的经济活动，投资者也可以对该企业进行投资活动，进一步说明企业管理者的决策和经营是较好的状态，可以维持目前的经营管理理念和决策行为。如果评价输出结果是-1，说明该企业近期信用状况较差，可能会出现违约行为，金融机构和投资者对该企业进行贷款和投资活动时应该采取谨慎和保守态度，拒绝给这类企业贷款和投资，尽可能地减少经济损失，进一步说明企业管理者的决策错误或经营状况是较差的状态，企业管理者应该参考前面计算分析的指标体系的权重大小，分析总结企业经营不善的因素，提出对应的整改措施和方案，力争降低企业信用违约的风险。

二、监测分析

（1）根据前文样本训练好的模型和指标体系权重大小得出以下监测信息：民营企业出现信用违约风险主要与企业资产、销售利润率、资金流动情况、固定资产质押、研发投入、企业发展趋势、领导者的组织和管理能力以及企业所处的宏观环境等主要因素有关。这些因素对民营企业出现违约风险存在较大的影响。这也证明了前文指标体系构建时所说的企业管理者行业管理年限、流动比率、企业年营业额、企业研发投入、企业生存环境等级等因素对民营企业的信用风险的影响显著这一定性判断。

（2）由表 5-6 可知，输入极限学习机模型的二级指标中，权重较大指标为企业基本素质和企业财务能力，财务类指标总权重为 61. 13%，权重值分别为 0. 3261、0. 2852，这两类指标可以概括为财务指标，其他为非财务指标。财务类指标中，企业资产、销售利润、流动比率、无形资产指标权重较大；非财务指标中，企业管理者行业工作年限、组织协调能力、企业价值倍数、企业景气指数、行业景气指数等指标权重较大。财务类指标总权重大于非财务类指标总权重，说明民营企业信用违约风险评价时，财务因素较非财务因素更重要，目前信用至上的大背景下，企业主动信用违约的概率较小，通常是因为没有财务能力支付到期的债券和贷款导致企业信用违约。企业监测和防范措施的实施应重点关注这些权重较大的指标，从权重较大的财务指标和非财务指标入手，针对性的防范和监测，最大限度地降低企业信用违约风险。因此，民营企业和金融机构都应对影响民营企业信用的这些显著性因素给予高度重视，做到事前监测和防范。

（3）在得出民营企业信用风险监测结果后，企业应该根据自身判断的信用结果，从影响企业信用的主要因素出发，进行相应的整改和完善。对于短期可以控制和改变的指标，如企业资金流动情况、企业研发投入规模、企业领导等诸要素，从这些指标出发，进行相应的行动，如增加企业现金流、加大企业研发投入、更换企业领导人等措施，进而降低企业违约风险。银行则要根据不同企业的信用监测情况采取相应的措施，如对判断为信用违约行为的企业发布风险监测信号、指令相关单位和人员实行重点监控、采用必要的防范措施等，并跟踪调查落实整改情况，对信用风险进行分散、阻断和转化，最大限度地降低风险损失。

三、模型应用局限性

（1）选取影响民营企业信用违约风险的因素和指标过程中，可能会遗漏一些难以衡量或难以获取的指标。反映企业信用违约风险的个体异质性和行业差异性的指标也没有体现在指标体系中，指标体系的构建存在进一步提高的空间。有些指标涉及企业秘密和企业管理人员的隐私，导致数据难以采集或者采集的数据不准确，可能导致模型最终的评价结果存在偏差。

（2）本书研究对象为上市民营企业，对于没有上市的中小民营企业信用违约风险度量没有研究。非上市民营企业财务数据和非财务数据难以获得，对应的模型构建存在较大困难。另外，模型建立没有从行业上进行详细分类研究，所得模型的适用性也有很大局限性。所构建的模型样本数据来源于民营制造业，制造业的指标体系较为相似，具有一定的适用性，对其他行业的企业信用评价来说，本书所建立的模型应用对其他行业有较大的局限性。

（3）本书所设计的动态评价与监测系统均是以客观数据为依据做出的企业信用违约风险评价结果，具备一定的参考作用，但是也要根据实际情况来对企业信用违约风险进行调整。例如，金融服务机构在应用本系统时，当出现诸如疫情停工停产等不可能因素导致的异常情况时，在逐级备案划清责任的前提下，采用逐级平滑的方式补齐异常值，使本系统所给出的评价结果更具有参考价值。

第六节　本章小结

本章主要研究内容如下：

一是构建了基于极限学习机的企业信用违约风险动态评价模型。本章分析了现有的综合评价模型和各种评价模型的适用范围，指出现有的很多综合评价方法并不适合企业信用违约的动态评价，从而提出一种基于极限学习机的企业信用违约风险动态评价算法。

二是借鉴极限学习机算法原理，本章分别建立了离线辨识算法、在线辨识算法。针对基于极限学习机的企业信用违约风险评价模型中的关键技术，本章着重设计了极限学习机的外权辨识算法，在离线状态下建立了基于最小二乘的辨识算法，针对离线辨识算法不适用企业信用违约风险动态评价的需求，建立了外权的递归辨识算法。根据数据数量的逐渐增加，导致递归算法过早收敛的问题，首次在企业信用评价提出一种带遗忘因子的递归算法，以保证极限学习机的外权在迭代过程中逐渐收敛到真实值。这也是本书主要的创新工作之一，也是本书的重点内容，本章设计的带遗忘因子的递归算法在对企业信用评估和预测中，优于已有的离线和在线极限学习机模型。

三是系统梳理了民营企业信用违约风险评价模型应用过程，并结合指标体系权重针对性提出监测分析和防范措施，同时分析所建立模型的应用范围及局限性，并从不同角度给出建议和对策。

第七章　研究结论与对策建议

第一节　研究结论

本书以商业银行等金融服务机构和投资者作为评价主体，以商业银行等金融机构和投资者所关联的企业作为评价对象，研究了民营企业信用违约的评价体系，建立了民营企业信用违约风险动态模型。本书从金融服务机构和投资者作为企业信用违约风险评价主体的角度出发，基于评价主体所采集被评价的企业资料信息，提出一种用于动态评价民营企业信用违约状况的企业信用违约风险评价体系，以实现对评价企业信用违约状态的动态评价与监测，从而尽可能地降低金融服务机构和投资者的运营风险和收益风险。本书的主要工作总结如下：

（1）从金融服务机构和投资者作为评价主体的角度出发，确定了企业信用违约风险评价指标集，并采用改进的 K 均值聚类算法对指标集进行分类，构建了分层后的企业信用违约风险评价指标体系。本书针对目前企业信用违约风险评价指标体系不足，指出企业信用违约风险评价指标集的选择应随科技发展与人文环境的不同做出调整，因此，在构建企业信用违约风险评价指标集时，本书着重引入了企业管理者组织能力和行业工作年限度量企业管理者的个人素质；在企业贷款状况指标中，增加了知识产权质押这一个新的指标；在企业发展潜力中，新增加了专利数据、非效率投资度等指标；在企业生存环境指标中，增加了网络环境指标，初步确定影响企业信用违约风险评价的 52 个评价指标。为解决初选指标的重复度量问题，凸显各个指标之间的差异性，本书在遵循前述指标筛选原则的基础上，分别采用变异系数法和灰色关联度的方法对 52 个初选指标进行了筛选，最终得到能有效反映企业信用违约风险评价的 32 个主要评价指标，构成了最终的企业信用违约风险评价指标体系。同时，本书分析了传统 K 均值聚类算法中单一欧氏距离测度的不足，提出采用灰色相对关联度、灰色绝对关联度、欧氏距离加权组合的灰色联合关联度作为 K 均值聚类算法中的距离测度，给出一种基于灰色联合关联度的改进 K 均值聚类算法，并将其用于对筛选后的 32 个企业信用违约风险评价指标进行聚类分层，得到企业管理者素质、企业基本素质、企业财务能力、企业贷款能力、企业发展潜力、企业生存环境六个二级指标。

（2）提出基于有序加权平均算子的多权重组合赋权法，并将其用于企业信用违约风险评价指标的指标权重确定。介绍了常用的六种指标权重确定方法，指出传统组合赋权法不足，提出应尽可能地采用多种指标赋权法获取指标的权重，再对多种赋权法得到的指标权重进行加权组合，以充分利用各种赋权法的优势。本书提出采用超过 5 种的单一赋权法计算各信用违约风险评价指标的权重数值，再采用有序加权平均算子对多种赋权法得到的指标权重进行组合，以获得企业信用违约风险评价体系的各级指标的组合权重，并采用这种方法，获得企业信用违约风险评价指标体系中的各级指标的组合权重数值。

（3）构建了基于极限学习机的企业信用违约风险动态评价模型。本书对比分析各种评价模型的适用范围，指出现有的很多综合评价方法并不适合于企业信用违约的动态评价，基于人工智能算法和金融服务机构能收集大量企业信息的客观事实，提出一种带遗忘因子的极限学习机的信用违约风险动态评价方法。针对基于极限学习机的企业信用违约风险评价模型中的关键技术，本书着重研究了极限学习机的外权辨识算法，在离线状态下建立了基于最小二乘的外权辨识算法，从而建立了一批处理下的企业信用违约风险评价模型。

考虑到离线辨识算法不适用于企业信用违约风险动态评价的需求，企业信用违约风险评价更注重的是监测与预测，需要基于现有历史数据对企业违约状态进行预测与识别，对极限学习机评价模型进行改进，建立了极限学习机外权的递归辨识算法，建立了对企业信用违约状态的在线动态评价模型。考虑到样本数据数量的逐渐增加可能导致极限学习机的外权递归算法过早收敛，不能实现对企业信用违约状态的精确判别，对递归算法进行改进，提出一种带遗忘因子的递归算法，以保证极限学习机的外权在迭代过程中逐渐收敛到真实值，以提高对企业信用违约状态的识别精度。案例仿真结果显示，针对离线极限学习机企业信用违约风险评价模型、在线极限学习机企业信用违约风险评价模型和带遗忘因子极限学习机企业信用违约风险评价模型三者来说，无论从算法所占的峰值内存、算法的学习训练精度还是测试精度来看，带遗忘因子的极限学习机企业信用违约风险评价模型具有更优的性能。因此，在建立企业信用违约风险评价模型时，应该建立基于带遗忘因子极限学习机的企业信用违约风险评价模型，并将其用于对企业信用违约状态的判别。

（4）对企业信用违约风险动态监控是一个长期运行的监控机制，为有效降低金融服务机构自身的运营风险，金融服务机构应该根据企业运行趋势提前作出预判，因此，在得出民营企业信用违约风险评价结果后，企业应该根据自身判断的信用结果，从影响企业信用的主要因素出发，进行相应的整改和完善。对于短期可以控制和改变的指标，如企业资金流动情况、企业研发投入规模、企业领导等诸要素，从这些指标出发，进行相应的行动，如增加企业现金流、加大企业研发投入、更换企业领导人等措施，进而降低企业违约风险。银行则要根据不同企业的信用监测情况采取相应的措施，对判断为信用违约行为的企业，采用必要的防范措施对信用风险进行分散、阻断和转化，最大限度地减少企业和相关单位的经济损失。

（5）通过采集的企业信用违约样本数据建立了企业信用违约风险评价指标体系，并基于该评价指标体系建立了企业信用违约风险评价方法，具有企业信用违约风险动态评价和监测功能，使金融服务机构能更早地获取企业信用违约趋势，及早制定干预手段，尽可能地降低企业信用违约风险。金融机构和投资者在使用本书所设计的动态评价模型与监测机制时，要求客观公正，避免人工干扰，特别是需要人工采集的数据要多次核实，避免数据出错。金融服务机构应与多方数据获取途径沟通，打通数据链路，对于能直接通过数据量计算的数据，直接根据本书所给出的评价指标计算方法获取数据流；对于只能人工采集的数据，则需要责任到人，采用终身负责制和责任倒追制，保证数据的真实性。在人工数据和直接获取数据进入评价系统后，让各数据流与本信用与违约评价系统直接对接，产生实时评价与监测界面，并对监测企业直接报警。

本书的主要研究结论总结如下：

（1）在建模指标选用方面，要充分结合我国民营企业所处的经营环境、经济形势等因素，结合国内外研究文献及我国商业银行当前普遍使用的评估指标体系，对海选指标运用变异系数法和灰色关联度法，建立了针对民营企业违约鉴别能力较大的信用评级指标体系。民营企业信用评级指标体系保证了指标体系整体的违约鉴别能力，对企业信用违约状态具有较好的鉴别能力。

（2）根据我国民营企业信用违约风险的来源，结合我国民营企业的发展特征与经营环境，构建了我国民营企业信用违约风险评价模型——在线极限学习机信用评价模型。在线极限学习机信用评价模型能够根据样本与本书定义的信用违约与信用非违约的概念，将不同研究单位划分为不同子集，使同一子集中样本间的特征较为相似，不同子集中的样本间特征差异较大，该模型能够深入挖掘特定属性子集上的显著特征，从而有效地提高模型的灵活性、稳健性以及对不同数据集的适用性。通过对比分析三类极限学习机信用评价模型，实证研究表明在线极限学习机模型能够提高训练精度和预测精度，进而在预测新样本时拥有较高的预测精度。

（3）在线极限学习机信用评价模型。在线极限学习机信用评价模型实现了动态信用评价功能。首先利用样本数据构建极限学习机信用评价模型，其次对当前极限学习机信用评价模型进行更新调整，构建适用于增加新样本的极限学习机信用评价模型，确保在新的样本数据增加后不需要重新建模，而仅依据新数据集对旧数据集学习的信用评价模型进行调整确定，就能得到可靠的信用评价结果，从而进一步提高模型的稳健性与预测精度，尽可能地维持较高的模型训练和预测效率。

第二节　对策建议

企业出现信用违约不仅会使商业银行的贷款成本不能收回，还会影响企业的经营和声誉，甚至会让企业倒闭从而产生大量的失业人员，引起社会问题。因此，企业信用违约问题关系到商业银行、企业管理者和社会管理者三者的利益，在企业信用违约方面，要求商业银行、企业管理者和社会管理者共同参与，避免出现企业的信用违约情况。

一、加强金融机构企业信贷管理

作为商业银行服务机构，应该建立长期的企业信用违约风险动态监控机制，并制定专业的企业信用违约监控平台，将所有服务企业纳入信用违约风险动态监控范围，以实现对服务企业的信用现状和违约趋势的预测。

（1）商业银行要将所服务的企业进行分类，并选择能切实反映该类企业特点的评价指标体系。商业银行可根据企业规模（如大型企业、中型企业、小微企业等）或企业类型（如科技型企业、生产型企业、服务型企业等）来对所服务的企业进行分类，并根据所选择的分类标准，确定各类企业的信用风险评价指标体系。在选择信用违约风险评价指标时，要结合企业特点来选择通用性的指标体系，以更加准确地进行数据的收集和风险监测。

（2）商业银行要建立动态的风险预测系统与评价系统。虽然是对企业的违约风险进行监测分析，但是预测与评价系统的精度要求必须重视，否则，所建立的系统将对企业信用违约风险无实质性意义，起不到监控和监测的作用。在预测系统建立中，根据当前的企业信用违约历史数据量相对较少的实际情况，应建立基于少数据、高精度的预测模型，因此，动态预测模型是首选。等后期违约数据较多时，可建立其他多数据时间序列预测模型进行风险趋势预测，必要的时候，也可采用多种单一预测方法组合加权的方式，基于所建立的组合预测模型得到企业违约监控指标的发展趋势，以提升预测精度。在企业信用违约风险评价方法选择上，应该选择具有稳定性的评价方法，不能选择太敏感的评价方法，如果评价系统对指标值较为敏感，可能出现误判的结果。所以说，商业银行在动态评价模型选择上，在注重评价系统的评价精度前提下，更应该注重评价系统的稳定性和可靠性。

（3）商业银行要根据实际情况加强线下企业走访和互动。网络系统的互联互通使商业银行可通过它们之间的网络共享获取企业的相关数据，企业的经营状况可以通过网络数据反映，但企业经营既存在线上交易，还存在线下交易，特别是一些企业经营者在经营过程中为规避相关风险或监控，其银行交易数据不足以反映企业的实际情况，因此，作为商业银行服务者，应加强与企业的服务互动，经常性地走访企业，提供企业咨询服务，在加强银行与企业之间沟通的同时，也能切实掌握企业的实际情况，再结合企业信用违约风险动态评价系统的评价结果，来实时调整企业的信用风险状态，使掌握的企业状况更加准确。商业银行与企业之间的线下互动是对企业信用违约风险评价系统的有效补充，特别是那些被企业信用违约风险评价系统评价为存在一定违约风险的企业，要加强对企业的走访和调查，掌握企业的实际情况，以调整对应企业的信用违约预期风险状况。

（4）银行要制定企业信用风险管理与辅助机制。商业银行不仅要建立企业信用风险评价系统，对企业的信用违约情况进行评价和监测，还应该建立一套完整的信用风险管控和辅助机制。在企业信用违约风险评价系统提示某企业具有违约风险时，银行服务机构要及时地对企业经营状况、当前资金流等情况进行掌握和分析，并有针对性地提出风险管控与辅助策略，该规则非常重要，能尽可能地降低企业管理者提供虚假数据的可能。对存在短暂性信用违约的企业，商业银行在进行损失评估后，要及时与企业管理者沟通，制定暂缓返还贷款的方案，尽可能地帮助企业开发融资渠道，摆脱当前的信用违约危机，让企业快速恢复生产经营活动，避免出现实质性违约。出现实质性违约情况后，企业和商业银行都会承受较大的损失，只有双方共同努力，避免出现实质性违约，才能实现双方甚至多方共赢。对一些难以恢复生产，即将出现实质性违约的企业，商业银行要调动其所掌握的各方资源，采用资产置换或企业并购等方式，将违约企业的资产尽可能地保全或价值扩大化，降低银行的损失。

（5）商业银行要及时掌握国家政策，为企业做好政策信息服务。当前国家对企业在财税、融资、人才方面出台了一系列优惠政策，商业银行应及时了解并掌握该信息，及时向企业推荐和宣传相关优惠政策，降低企业的运营成本，变相地为企业提供融资渠道，解决企业的部分资金，降低企业的信用违约风险。

二、强化民营企业信用违约规避机制

作为企业经营管理者，出现实质性信用违约对企业的伤害性也比较大，因此，管理者也应避免出现实质性信用违约。为此，企业经营管理者也应该关注商业银行的企业信用违约风险评价结果，并尽可能地避免出现实质性信用违约。

（1）企业管理者要了解商业银行建立的企业信用违约风险评价指标体系。发生实质性信用违约对企业和商业银行双方都是重创性伤害，因此，预防实质性信用违约不仅是商业银行的义务，企业管理者也必须重视。企业管理者只有掌握了商业银行企业信用违约风险评价指标体系，明确了企业信用违约的影响因素以及影响因素的程度大小，才能在企业的经营管理中，尽可能地在主要因素上进行重点管理、在关键指标上做好数据，以免出现信用违约预警，导致商业银行加强对企业的资金管控和融资限制，不利于企业的可持续发展。

（2）企业管理者要根据企业信用违约风险评价指标，向商业银行提供真实的数据，以获取真实的信用违约监测评价结果。如果企业管理者提供虚假数据，虽然商业银行暂时不能做出有效的信用违约风险评价监测，但是企业实际运营情况不会因为虚假数据改变，一旦出现实质性信用违约情况，将是对商业银行与企业的双重打击。当企业管理者向商业银行提供真实的数据时，一旦商业银行的信用风险评价系统提示该企业存在信用违约风险，商业银行会针对企业设计帮扶政策，可能帮企业提升融资能力，甚至为企业提供另外一批贷款，帮助企业走出暂时困境，避免企业出现实质性违约情况，最终降低商业银行和企业的损失。

（3）企业管理者要加强企业的经营管理，提高企业的经营业绩。企业管理者要加强企业管理和运营能力等综合素质的提升，要把握时代发展需求，及时调整企业发展方向，让企业保持可持续性发展，这样就不用担心出现企业信用违约风险。

三、加大国家对企业信用违约法律法规建设

作为政府管理者，要加强基础设施建设和相关利益的调控和协调。企业发生实质性违约会导致大批量人员失业，可能诱发社会不稳定因素，因此，发生企业信用违约不仅是企业与商业银行的事情，对社会管理者也有一定的影响，社会管理者必须关注企业信用违约情况，并尽可能地降低出现信用违约情况。

（1）政府管理者要加强协调，出台相关政策以保障各部门之间的信息互联互通。商业银行建立企业信用违约风险评价体系，其基础是要获得所服务企业的所有数据，但商业银行只有企业的银行账户动态信息，能掌握本银行的企业资金流数据，而难以获得其他银行甚至税务等方面的数据，这就需要政府管理者来加强协调，出台相关政策，保障人社部门、税务、银行、民政、警务等系统的网络互联性，使银行能通过税务部门、其他兄弟银行、民政部门、人社部门、警务等系统获取企业运营和企业信用违约风险评价过程中所需要的全部数据。

（2）政府管理者要创造良好的企业经营环境，保障民营企业稳健经营。营商环境是当前很多区域经济发展中比较重视的一环，好的营商环境具有聚集作用，能吸引更多的企业入驻，形成一条完整的产业链或产业集群，可有效降低企业的物流运输成本，增强企业的违约风险抵抗能力。良好的营商环

境，也能促进当地区域经济的快速发展，使当地的企业经济活动更加频繁，自然能增加企业的现金流速度、企业收入并提升盈利能力。

（3）政府管理者要出台一系列的企业扶持政策，特别是在出现重大自然灾害的情况下，要加强对企业的扶持和补助力度，帮助企业度过暂时性困境，避免出现实质性信用违约。

参考文献

[1] Agarwal S, Chen V Y S, Zhang W. The information value of credit rating action reports: A textual analysis [J]. Management Science, 2016, 62 (8): 2218-2240.

[2] Akerlof G A. The market for "lemons": Quality uncertainty and the market mechanism [J]. The Quarterly Journal of Economics, 1970, 84 (3): 488-500.

[3] Altman E I, Haldeman R G, Narayanan P. ZETA™ analysis a new model to identify bankruptcy risk of corporations [J]. Journal of Banking & Finance, 1977, 1 (1): 29-54.

[4] Altman E I, Marco G, Varetto F. Corporate distress diagnosis: Comparisons using linear discriminant analysis and neural networks (the Italian experience) [J]. Journal of Banking & Finance, 1994, 18 (3): 505-529.

[5] Altman E I. Financial ratios, discriminant analysis and the prediction of corporate bankruptcy [J]. The Journal of Finance, 1968, 23 (4): 589-609.

[6] Angelini E, Di Tollo G, Roli. A. A neural network approach for credit risk evaluation [J]. The Quarterly Review of Economics and Finance, 2008, 48 (4): 733-755.

[7] Ashofteh A, Bravo J M. A conservative approach for online credit scoring [J]. Expert Systems with Applications, 2021, 176 (8): 114835-114847.

[8] Beaver W H. Financial ratios as predictors of failure [J]. Journal of Accounting Research, 1966 (4): 71-111.

[9] Black F, Cox J C. Valuing corporate securities: Some effects of bond indenture provisions [J]. The Journal of Finance, 1976, 31 (2): 351-367.

[10] Black F, Scholes M. The pricing of options and corporate liabilities [J]. Journal of Political Economy, 1973, 81 (3): 637-654.

[11] Blanco J J. El poder totalitario: El caso de la revolución bolivariana [J]. MAD, 2016 (34): 65-105.

[12] Büyüközkan G, Güler M. A combined hesitant fuzzy MCDM approach for supply chain analytics tool evaluation [J]. Applied Soft Computing, 2021, 112 (11): 107812.

[13] Chen W-H, Shih J-Y. A study of Taiwan's issuer credit rating systems using support vector machines [J]. Expert Systems with Applications, 2006, 30 (3): 427-435.

[14] Chen Y-S, Cheng C-H. Hybrid models based on rough set classifiers for setting credit rating decision rules in the global banking industry [J]. Knowledge-Based Systems, 2013, 39 (2): 224-239.

[15] Ciampi V. Introspection on improper seismic retrofit of Basilica Santa Maria di Collemaggio after 2009 Italian earthquake [J]. Earthquake Engineering and Engineering Vibration, 2012 (11): 281-282.

[16] Coats P K, Fant L F. Recognizing financial distress patterns using a neural network tool [J]. Financial Management, 1993, 22 (3): 142-155.

[17] Danenas P, Garsva G, Gudas S. Credit risk evaluation model development using support vector based classifiers [J]. Procedia Computer Science, 2011 (4): 1699-1707.

[18] Danenas P, Garsva G. Selection of support vector machines based classifiers for credit risk domain [J]. Expert Systems With Applications, 2015, 42 (6): 3194-3204.

[19] Dharwadkar N, Patil P S. Customer retention and credit risk analysis using ANN, SVM and DNN [J]. International Journal of Society Systems Science, 2018, 10 (4): 316-318.

[20] Dierkes M, Erner C, Langer T, et al. Business credit information sharing and default risk of private firms [J]. Journal of Banking & Finance, 2013, 37 (8): 2867-2878.

[21] Du G, Liu Z, Lu H. Application of innovative risk early warning mode under big data technology in Internet credit financial risk assessment [J]. Journal of Computational and Applied Mathematics, 2021 (386): 113260.

[22] Duan J, Li X. Similarity of intuitionistic fuzzy sets and its applications [J]. International Journal of Approximate Reasoning, 2021, 137 (11):166-180.

[23] Ebrahimnejad A. Fuzzy linear programming approach for solving transportation problems with interval-valued trapezoidal fuzzy numbers [J]. Sādhanā, 2016, 41 (3): 299-316.

[24] Fan A, Palaniswami M. Selecting bankruptcy predictors using a support vector machine approach [C]. Proceedings of the IEEE-INNS-ENNS International Joint Conference on Neural Networks, 2000: 354-359.

[25] Farag M M, Flemings M C. Structure and strength of Al, Cu-Al_3Ni directionally solidified composites [J]. Metallurgical Transactions A, 1975, 6 (5): 1009-1015.

[26] Feng F, Huang G-B, Lin Q, et al. Error minimized extreme learning machine with growth of hidden nodes and incremental learning [J]. IEEE Transactions on Neural Networks, 2009, 20 (8): 1352-1357.

[27] Figlewski S, Frydman H, Liang W. Modeling the effect of macroeconomic factors on corporate default and credit rating transitions [J]. International Review of Economics and Finance, 2012, 21 (1): 87-105.

[28] Fitzpatrick P J. A comparison of ratios of successful industrial enterprises with those of failed firm [J]. Certified Public Accountant, 1932 (6): 727-731.

[29] Flores-Sosa M, Avilés-Ochoa E, MerigóJ M, et al. Volatility GARCH models with the ordered weighted average (OWA) operators [J]. Information Sciences, 2021 (565): 46-61.

[30] Guo K, Xu H. A unified framework for knowledge measure with application: From fuzzy sets through interval-valued intuitionistic fuzzy sets [J]. Applied Soft Computing, 2021 (109): 107539.

[31] Han Y, Wang B. Investigation of listed companies credit risk assessment based on different learning schemes of BP neural network [J]. International Journal of Business and Management, 2011, 6 (2): 204-207.

[32] Horrigan J O. The determination of long-term credit standing with financial ratios [J]. Journal of Accounting Research, 1966 (4): 44-62.

[33] Huang G-B, Chen L. Enhanced random search based incremental extreme learning machine [J]. Neurocomputing, 2008, 71 (16-18): 3460-3468.

[34] Huang G-B, Ding X, Zhou H. Optimization method based extreme learning machine for classification [J]. Neurocomputing, 2010, 74 (1-3): 155-163.

[35] Huang G-B, Liang N, Rong H-J, et al. On-line sequential extreme learning machine [C]. IASTED International Conference on Computational Intelligence, 2005: 232-237.

[36] Huang G-B, Zhu Q-Y, Siew C-K. Extreme learning machine: Theory and applications [J]. Neurocomputing, 2006, 70 (1-3): 489-501.

[37] Huang X, Liu X, Ren Y. Enterprise credit risk evaluation based on neural network algorithm [J]. Cognitive Systems Research, 2018 (52):317-324.

[38] Huang G-B. Learning capability and storage capacity of two-hidden-layer feed forward networks [J]. IEEE Transactions on Neural Networks, 2003, 14 (2): 274-281.

[39] Huang G-B, Zhu Q-Y, Siew C-K. Extreme learning machine: A new learning scheme of feed forward neural networks [C]. 2004 IEEE International Joint Conference on Neural Networks, 2004.

[40] Jahromi A N, Hashemi S, Dehghantanha A, et al. An improved two-hidden-layer extreme learning machine for malware hunting [J]. Computers & Security, 2020 (89): 101655-101668.

[41] Jones S, Johnstone D, Wilson R. An empirical evaluation of the performance of binary classifiers in the prediction of credit ratings changes [J]. Journal of Banking & Finance, 2015 (56): 72-85.

[42] Kaya M, Arslan-Ayaydin Ö, Karan M B. Credit risk evaluation of Turkish households aftermath the 2008 financial crisis [M] //Hacioğlu Ü, Dinçer H. Global financial crisis and its ramifications on capital markets. Cham: Springer, 2017: 417-430.

[43] Khashman A. Neural networks for credit risk evaluation: Investigation of different neural models and learning schemes [J]. Expert Systems with Applications, 2010, 37 (9): 6233-6239.

[44] Khemakhem S, Boujelbene Y. Support vector machines for credit risk assessment with imbalanced datasets [J]. HomeInternational Journal of Data Mining, Modelling and Management, 2018, 10 (2): 171-187.

[45] Kornai J, Maskin E, Roland G. Understanding the soft budget constraint [J]. Journal of Economic Literature, 2003, 41 (4): 1095-1136.

[46] Kornai J. Resource-constrained versus demand-constrained systems [J]. Econometrica, 1979 (47): 801-819.

[47] Kunene M, Mung' atu J K, Nyarige E. Dependent credit default risk modelling using bernoulli mixture models [J]. American Journal of Theoretical and Applied Statistics, 2021, 10 (3): 146-151.

[48] Lan Y, Soh Y C, Huang G-B. Two-stage extreme learning machine for regression [J]. Neurocomputing, 2010, 73 (16-18): 3028-3038.

[49] Leal J E. AHP-express: A simplified version of the analytical hierarchy process method [J]. MethodsX, 2020 (7): 100748.

[50] Lee S H, Sung H M, Urrutia J L. The impact of the persian gulf crisis

on the prices of LDCs' loans [J]. Journal of Financial Services Research, 1996 (10): 143-162.

[51] Li W J, Wang S M. Research on assessment method for credit risk in commercial banks of China based on data mining [J]. Applied Mechanics and Materials, 2013 (303-306): 1361-1364.

[52] Merton R C. On the pricing of corporate debt: The risk structure of interest rates [J]. The Journal of Finance, 1974, 29 (2): 449-470.

[53] Merton R C. Theory of rational option pricing [J]. The Bell Journal of Economics and Management Science, 1973, 4 (1): 141-183.

[54] Min J H, Lee Y-C. Bankruptcy prediction using support vector machine with optimal choice of kernel function parameters [J]. Expert Systems with Applications, 2005, 28 (4): 603-614.

[55] Min X, Liu W, Chao X, et al. A combined assessment method on the credit risk of enterprise group based on the logistic model and neural networks [M] //Gaol F, Nguyen Q. Proceedings of the 2011 2nd International Congress on Computer Applications and Computational Science. Advances in Intelligent and Soft Computing (Vol 144) . Berlin: Springer, 2012: 239-245.

[56] Mohammadi N, Zangeneh M. Customer credit risk assessment using artificial neural networks [J] International Journal of Information Technology and Computer Science, 2016, 8 (3): 58-66.

[57] Naeem M, Khan M A, Abdullah S. Extended TOPSIS method based on the entropy measure and probabilistic hesitant fuzzy information and their application in decision support system [J]. Journal of Intelligent & Fuzzy Systems: Applications in Engineering and Technology, 2021, 40 (6): 11479-11490.

[58] Odom M D, Sharda R. A neural network model for bankruptcy prediction [C]. 1990 IJCNN International Joint Conference on Neural Networks, 1990: 163-168.

[59] Ohlson J A. Financial ratios and the probabilistic prediction of bankrupt-

cy [J]. Journal of Accounting Research, 1980, 18 (1): 109-131.

[60] Opricovic S. A fuzzy compromise solution for multicriteria problems [J]. International Journal of Uncertainty Fuzziness and Knowledge-Based Systems, 2007, 15 (3): 363-380.

[61] Pandey T N, Jagadev A K, Choudhury D, et al. Machine learning-based classifiers ensemble for credit risk assessment [J]. International Journal of Electronic Finance, 2013, 7 (3-4): 227-249.

[62] Petersen M R, Deddens J A. Effects of omitting a covariate in poisson models when the data are balanced [J]. The Canadian Journal of Statistics, 2000, 28 (2): 439-445.

[63] Psillaki M, Tsolas J E, Margaritis D. Evaluation of credit risk based on firm performance [J]. European Journal of Operational Research, 2010, 201 (3): 873-881.

[64] Punniyamoorthy M, Sridevi P. Identification of a standard AI based technique for credit risk analysis [J]. Benchmarking: An International Journal, 2016, 23 (5): 1381-1390.

[65] Qiao L S H, Lin Z H. The evaluation study of supply chain financial risk based on the BP neural network [J]. Applied Mechanics and Materials, 2013 (401-403): 2306-2309.

[66] Raskutti B, Kowalczyk A. Extreme re-balancing for SVMs: A case study [J]. ACM SIGKDD Explorations Newsletter, 2004, 6 (1): 60-69.

[67] Rong H-J, Huang G-B, Ong Y-S. Extreme learning machine for multi-categories classification applications [C]. 2008 IEEE International Joint Conference on Neural Networks, 2008: 1709-1713.

[68] Rong L, Wang L, Liu P, et al. Evaluation of MOOCs based on multi-granular unbalanced hesitant fuzzy linguistic MABAC method [J]. International Journal of Intelligent Systems, 2021, 36 (10): 5670-5713.

[69] Rostamzadeh R, Ghorabaee M K, Govindan K, et al. Evaluation of

sustainable supply chain risk management using an integrated fuzzy TOPSIS-CRITIC approach [J]. Journal of Cleaner Production, 2018 (175): 651-669.

[70] Rtayli N, Enneya N. Selection features and support vector machine for credit card risk identification [J]. Procedia Manufacturing, 2020 (46): 941-948.

[71] Sariev E, Germano G. An innovative feature selection method for support vector machines and its test on the estimation of the credit risk of default [J]. Review of Financial Economics, 2019, 37 (3): 404-427.

[72] Shin K-S, Lee T S, Kim H-J. An application of support vector machines in bankruptcy prediction model [J]. Expert Systems with Applications, 2005, 28 (1): 127-135.

[73] Shleifer A, Vishny R W. Politicians and firms [J]. The Quarterly Journal of Economics, 1994, 109 (4): 995-1025.

[74] Shumway T. Forecasting bankruptcy more accurately: A simple hazard model [J]. The Journal of Business, 2001, 74 (1): 101-124.

[75] Shutaywi M, Kachouie N N. Silhouette analysis for performance evaluation in machine learning with applications to clustering [J]. Entropy, 2021, 23 (6): 759-774.

[76] Stiglitz J E, Weiss A. Credit rationing in markets with imperfect information [J]. The American Economic Review, 1981, 71 (3): 393-410.

[77] Stupňanová A. A probabilistic approach to the arithmetics of fuzzy numbers [J]. Fuzzy Sets and Systems, 2015 (264): 64-75.

[78] Sun J, Fujita H, Zheng Y, et al. Multi-class financial distress prediction based on support vector machines integrated with the decomposition and fusion methods [J]. Information Sciences, 2021, 559 (6): 153-170.

[79] Sun W, Yang X. BP neural network for power supply enterprise credit evaluation based on genetic algorithm optimization [J]. Journal of Information & Computational Science, 2012, 9 (14): 4017-4023.

[80] Trustorff J-H, Konrad P M, Leker J. Credit risk prediction using support vector machines [J]. Review of Quantitative Finance and Accounting, 2011, 36 (4): 565-581.

[81] Tsai C-F, Wu J-W. U sing neural network ensembles for bankruptcy prediction and credit scoring [J]. Expert Systems with Applications, 2008, 34 (4): 2639-2649.

[82] Wang C, Chen Z, Shang K, et al. Label-removed generative adversarial networks incorporating with K-Means [J]. Neurocomputing, 2019 (361): 126-136.

[83] Wang Y, Cao F, Yuan Y. A study on effectiveness of extreme learning machine [J]. Neurocomputing, 2011, 74 (16): 2483-2490.

[84] Xu X, Li S, Liang T, et al. Sample selection-based hierarchical extreme learning machine [J]. Neurocomputing, 2020 (377): 95-102.

[85] Xue Y, Deng Y. Decision making under measure-based granular uncertainty with intuitionistic fuzzy sets [J]. Applied Intelligence, 2021 (51): 6224-6233.

[86] Yazdi M. An extension of the fuzzy improved risk graph and fuzzy analytical hierarchy process for determination of chemical complex safety integrity levels [J]. International Journal of Occupational Safety and Ergonomics, 2019, 25 (4): 551-561.

[87] Zhang L, Hu H, Zhang D. A credit risk assessment model based on SVM for small and medium enterprises in supply chain finance [J]. Financial Innovation, 2015 (14): 1-21.

[88] Zhao D, Hu X, Xiong S, et al. k-means clustering and kNN classification based on negative databases [J]. Applied Soft Computing, 2021 (110): 107732.

[89] Zheng G, Wang X. The comprehensive evaluation of renewable energy system schemes in tourist resorts based on VIKOR method [J]. Energy, 2020

(193): 116676.

[90] Zmijewski M E. Methodological issues related to the estimation of financial distress prediction models [J]. Journal of Accounting Research, 1984 (22): 59-82.

[91]《浙江民营企业家研究》课题组. 浙江民营企业家问题研究 [J]. 嘉兴学院学报, 2001, 13 (5): 5-12.

[92] 白晓波, 陈金广, 邵景峰, 等. 多属性决策中赋权方法的自适应选择研究 [J]. 计算机工程与应用, 2016, 52 (11): 215-220.

[93] 鲍新中, 谢文静, 董文妍. 基于改进区间数相似理想解排序法的知识产权质押融资风险评价 [J]. 科技管理研究, 2020, 40 (4): 198-205.

[94] 陈静. 上市公司财务恶化预测的实证分析 [J]. 会计研究, 1999 (4): 31-38.

[95] 陈美丽, 傅魁. 第三方支付背景下消费者个人信用评估模型构建 [J]. 财会月刊, 2018 (1): 79-85.

[96] 陈闻鹤, 常志朋, 宫晓虹. 基于马田系统的企业疫情防控风险集对评估模型 [J]. 软科学, 2020, 34 (11): 137-144.

[97] 程小亮, 王鹏. Bayes 判别法和 logistic 函数在上市公司信用风险分析中的应用 [J]. 甘肃金融, 2013 (11): 64-66.

[98] 程幼明, 王慧颖, 张孝琪. 基于群决策考虑属性效用一致性的 DEA 他评交叉效率公共权重排序法 [J]. 控制与决策, 2021, 36 (9): 2279-2289.

[99] 程紫运, 彭玲艳, 田云飞, 等. 一种电力通信网运行质量评价指标的筛选方法 [J]. 电力信息与通信技术, 2019, 17 (2): 42-48.

[100] 迟国泰, 郝君, 徐琤, 等. 信贷风险评价指标权重的聚类分析 [J]. 系统工程理论方法应用, 2001, 10 (1): 64-67.

[101] 迟国泰, 潘明道, 程砚秋. 基于综合判别能力的农户小额贷款信用评价模型 [J]. 管理评论, 2015, 27 (6): 42-57.

[102] 迟国泰, 潘明道, 齐菲. 一个基于小样本的银行信用风险评级模

型的设计及应用［J］. 数量经济技术经济研究，2014，31（6）：102-116..

［103］单科举. 我国信用风险缓释凭证发展中存在的问题及建议［J］. 改革与开放，2020（12）：15-18.

［104］邓聚龙. 灰色系统理论教程［M］. 武汉：华中理工大学出版社，1990.

［105］丁若凌. 互联网金融平台风险管理评价及案例研究［D］. 浙江大学硕士学位论文，2019.

［106］范柏乃，朱文斌. 中小企业信用评价指标的理论遴选与实证分析［J］. 科研管理，2003，24（6）：83-88.

［107］范建平，朱兆钰，吴美琴. 一种新的基于群 AHP 和 DEA 的距离测度方法［J］. 统计与决策，2018，34（21）：41-45.

［108］龚玲玲，迟国泰，杜永强. 小企业信用评价体系构建方法——基于显著性判别原理［J］. 技术经济，2014，33（5）：97-101.

［109］谷慎，汪淑娟，胡耀平. 美国货币政策对中国金融稳定的影响研究［J］. 上海经济研究，2019（10）：117-128.

［110］顾海峰，游冬良. 基于支持向量机的信托公司风险预警指标及模型研究——来自 2005 年-2013 年信托业的经验证据［J］. 金融监管研究，2014（9）：68-87.

［111］管七海，冯宗宪. 我国商业银行非系统金融风险的度量及预警实证研究［J］. 经济科学，2001（1）：35-46.

［112］管七海，冯宗宪. 信用违约概率测度研究：文献综述与比较［J］. 世界经济，2004（11）：40-54.

［113］光辉，祁术洪. 基于有序加权算子赋权的基坑工程项目管理绩效可拓评价研究［J］. 建筑技术，2019，50（6）：719-722.

［114］郭林，李战江，孔文婷. 基于二阶段 Logistic 回归的小企业信用指标判别模型［J］. 数学的实践与认识，2020，50（20）：35-45.

［115］郭小燕，张明. 带权重的 RBF 神经网络银行个人信用评价方法［J］. 计算机工程与应用，2013，49（5）：258-262.

［116］郭瑛，丁斌．基于主成分分析、交叉效率 DEA 和熵权法的物流企业绩效评价［J］．合肥工业大学学报（社会科学版），2020，34（3）：36-42.

［117］郭昱，马翻翻，郑超文．我国小微企业信用评价指标体系的构建［J］．金融经济（理论版），2015（1）：156-158.

［118］郭昱．权重确定方法综述［J］．农村经济与科技，2018，29（8）：252-253.

［119］韩嵩，李晓俊．大数据背景下我国企业信用研究综述——基于 CSSCI 检索论文的分析［J］．金融理论与实践，2018（10）：107-113.

［120］何芳英．发展民营经济需拓宽民营企业的融资渠道［J］．企业技术开发，2004（6）：53-54.

［121］侯昊鹏．国内外企业信用评级指标体系研究的新关注［J］．经济学家，2012（5）：88-97.

［122］胡海青，张琅，张道宏，等．基于支持向量机的供应链金融信用风险评估研究［J］．软科学，2011，25（5）：26-30+36.

［123］胡海青，张琅，张道宏．供应链金融视角下的中小企业信用风险评估研究——基于 SVM 与 BP 神经网络的比较研究［J］．管理评论，2012，24（11）：70-80.

［124］胡凌云，袁宏俊，李东勤．一类区间型组合预测权重确定方法［J］．统计与决策，2021，37（11）：34-38.

［125］胡胜，雷欢欢，胡华强．基于 Logistic 模型的我国房地产企业信用风险度量研究［J］．中国软科学，2018（12）：157-164.

［126］黄广斌．超限学习机和深度学习的汇聚［J］．软件和集成电路，2019（9）：32-33.

［127］黄广斌．智能革命：人工智能、机器学习、生物学习和智能材料的合力［J］．软件和集成电路，2017（4）：18-24.

［128］黄海洲，许成钢．金融制度、风险扩散和金融危机［J］．经济社会体制比较，1999（7）：19-23.

［129］黄胤英．2021 年上半年债券违约情况回顾与展望［J］．银行家，2021（8）：10-13.

［130］黄志豪．防范我国中小企业信贷违约行为的对策探讨［J］．武汉金融，2007（1）：37-38.

［131］霍志辉，李天钰，钟咏盈，等．中国债券市场信用风险回顾与前瞻［J］．金融市场研究，2021（2）：41-53.

［132］姜福川，周师，吴增彤，等．基于熵权-TOPSIS 法的煤矿安全投入决策分析［J］．中国安全科学学报，2021，31（7）：24-29.

［133］姜明辉，姜磊，王雅林．线性判别式分析在个人信用评估中的应用［J］．管理科学，2003，16（1）：53-55.

［134］姜启波，谭清美．新时期我国高质量发展水平测度及空间差异研究——基于熵值 G2 与灰色关联 CRITIC 的变异系数组合赋权法［J］．管理现代化，2020，40（5）：24-30.

［135］蒋辉．信息不完备情境下的小微企业信用评估研究［D］．湖南大学博士学位论文，2019.

［136］匡海波，杜浩，丰昊月．供应链金融下中小企业信用风险指标体系构建［J］．科研管理，2020，41（4）：209-219.

［137］李刚，程砚秋，董霖哲，等．基尼系数客观赋权方法研究［J］．管理评论，2014，26（1）：12-22.

［138］李刚，李建平，孙晓蕾，等．主客观权重的组合方式及其合理性研究［J］．管理评论，2017，29（12）：17-26+61.

［139］李海君，徐廷学．基于组合赋权-改进灰色关联的导弹状态评估决策［J］．现代防御技术，2021，49（4）：91-98+114.

［140］李佳佳，李田．公司治理视角下企业信用风险评估研究——基于 BP-Adaboost 模型［J］．财会通讯，2018（5）：100-104.

［141］李菁苗，吴吉义，章剑林，等．电子商务环境下中小企业信用评价［J］．系统工程理论与实践，2012，32（3）：555-560.

［142］李淑锦，潘雨虹．神经网络技术在 P2P 网贷中小企业信用评估中

的应用［J］. 生产力研究，2019（5）：14-22.

［143］李新平．湖南民营企业信用违约对融资的影响研究［J］. 金融经济（理论版），2017（11）：54-56.

［144］李旭升．贝叶斯网络分类模型研究及其在信用评估中的应用［D］. 西南交通大学博士学位论文，2006.

［145］李战江．微型企业信用评价指标体系的构建［J］. 技术经济，2017，36（2）：109-116.

［146］李哲，迟国泰．基于最大指标区分度与最优相对隶属度的上市公司信用风险研究［J］. 中国管理科学，2021，29（4）：1-15.

［147］李志辉．信用风险：新世纪金融市场的重大挑战［J］. 南开学报（哲学社会科学版），2003（1）：51-57.

［148］梁琪．企业信用风险的主成分判别模型及其实证研究［J］. 财经研究，2003，29（5）：52-57.

［149］林孝成，管七海，冯宗宪．金融机构的国家风险评估模型评介［J］. 当代经济科学，2000，22（1）：17-22.

［150］凌立文，张大斌．组合预测模型构建方法及其应用研究综述［J］. 统计与决策，2019，35（1）：18-23.

［151］刘敏，李强．小微企业信用等级分类模型研究［J］. 西南师范大学学报（自然科学版），2020，45（3）：55-60.

［152］刘敏．基于判别分析法的房地产企业信用风险度量研究［J］. 财会通讯，2013（20）：107-108.

［153］刘攀．广义函数集成算子组合预测模型及应用［D］. 西华师范大学硕士学位论文，2019.

［154］刘云焘，吴冲，王敏，等．基于支持向量机的商业银行信用风险评估模型研究［J］. 预测，2005，24（1）：52-55.

［155］刘中侠，刘思峰，蒋诗泉．基于区间直觉灰数的一般灰数决策模型［J］. 统计与决策，2021，37（11）：164-167.

［156］龙云飞．基于熵值法的中小企业供应链融资信用风险评价［J］.

统计与决策，2013（13）：177-179.

［157］楼霁月．科技型中小企业信用评价影响因素分析［J］．统计与决策，2013（16）：186-188.

［158］楼裕胜．基于模糊神经网络的企业信用风险评估模型研究［J］．中南大学学报（社会科学版），2013（5）：21-25.

［159］鲁海波，徐云．基于支持向量机的企业破产分析［J］．数学的实践与认识，2007（12）：13-18.

［160］陆思源，陆志海，王水花，等．极限学习机综述［J］．测控技术，2018，37（10）：3-9.

［161］马东升，刘洋．探析国内信用衍生品发展对企业融资的影响［J］．时代金融，2019（11）：52-53+55.

［162］马树才，孙素侠．零售企业可持续竞争优势构建路径——知识资本与企业个性驱动视角［J］．商业经济研究，2021（6）：107-110.

［163］马晓青，刘莉亚，胡乃红，等．小企业信用评估的模型构建与实证分析［J］．财经研究，2012，38（5）：28-37.

［164］满向昱，张天毅，汪川，等．我国中小微企业信用风险因素识别及测度研究［J］．中央财经大学学报，2018（9）：46-58.

［165］梅冬州，温兴春，吴娱．财政扩张、信用违约和民营企业融资困境［J］．经济研究，2021，56（3）：116-131.

［166］孟斌，杨越，刁姝杰．基于显著区分两类客户的小型建筑企业信用评价模型研究［J］．系统工程理论与实践，2019，39（2）：346-359.

［167］闵剑，李佳颖．生命周期视角下中小企业财务风险评估研究——基于生存分析模型［J］．财会通讯，2021（4）：146-150.

［168］潘明道，周颖，迟国泰，等．基于 Fisher 判别的小型工业企业债信评级模型及实证［J］．管理评论，2018，30（3）：15-28.

［169］潘宇桐，孙英隽．基于 W-SVM 的民营环保企业信用风险预警模型［J］．经济数学，2020，37（3）：90-98.

［170］庞素琳，黎荣舟，徐建闽．BP 算法在信用风险分析中的应用

[J]. 控制理论与应用，2005（1）：139-143.

[171] 桑茂景，谢丽蓉，李进卫，等. 基于 LMD-IMVO-LSSVM 的短期风速预测 [J]. 可再生能源，2021，39（9）：1197-1203.

[172] 沈沛龙，周浩. 基于支持向量机理论的中小企业信用风险预测研究 [J]. 国际金融研究，2010（8）：77-85.

[173] 沈彦菁，张榕薇，朱维聪. 基于机器学习方法的小微企业融资特征分析研究——关于嘉兴市 33305 家小微企业的 SVM 模型实证分析 [J]. 金融经济，2019（10）：105-108.

[174] 施锡铨，邹新月. 典型判别分析在企业信用风险评估中的应用 [J]. 财经研究，2001，27（10）：53-57.

[175] 石宝峰. 基于违约金字塔原理的小企业信用评级模型研究 [D]. 大连理工大学博士学位论文，2014.

[176] 史学良，李梁，赵清华. 基于改进 LSTM 网络的空气质量指数预测 [J]. 统计与决策，2021，37（16）：57-60.

[177] 斯琴，马占新. 基于三角模糊数的模糊有效性度量方法 [J]. 模糊系统与数学，2019，33（6）：130-140.

[178] 宋琴. 中小企业信用评级指标体系的构建研究 [J]. 中国商论，2018（16）：177-178.

[179] 宋熔扶. 信息不对称与中小企业融资 [J]. 投资与营销，2007（4）：22-23.

[180] 宋晓东，韩立岩. 基于双隶属模糊支持向量机的中小企业信用评价 [J]. 工业工程，2012，15（1）：93-98+108.

[181] 苏蕙. 小微企业信贷风险评价模型构建及应用 [J]. 财政监督，2019（22）：107-112.

[182] 孙冰颖. 商业银行的中小企业信用评价研究 [D]. 华南理工大学硕士学位论文，2012.

[183] 孙素侠. 政府干预、金融科技创新与经济高质量发展研究——基于动态博弈视角的解释 [J]. 技术经济与管理研究，2021（9）：18-23.

[184] 孙雨忱．信息不对称下银行对中小微企业的最优信贷策略研究——基于 Logistic 回归的违约率测算模型 [J]. 金融发展研究，2021 (6)：78-84.

[185] 谭中明，张京．中小企业信用担保机构评级指标体系研究 [J]. 财会通讯，2012 (7)：22-24.

[186] 唐春阳，冯宗宪．基于多元线性回归的企业信用违约率测度模型的构建研究 [J]. 经济科学，2005 (3)：100-107.

[187] 唐建新，陈冬．信息不对称、第三方信用信息与小企业融资 [J]. 经济评论，2007 (1)：136-143.

[188] 王春峰，万海晖，张维，等．商业银行信用风险评估及其实证研究 [J]. 管理科学学报，1998 (1)：70-74.

[189] 王春峰，万海晖．基于神经网络技术的商业银行信用风险评估 [J]. 系统工程理论与实践，1999 (9)：24-32.

[190] 王刚．基于极限学习机的时间序列预测 [D]. 沈阳工业大学硕士学位论文，2019.

[191] 王莉，郑兆瑞，郝记秀．BP 神经网络在信用风险评估中的应用 [J]. 太原理工大学学报，2005，36 (2)：216-219.

[192] 王礼月．公司债券的信用风险测度及其对资产价格影响的研究 [D]. 浙江大学博士学位论文，2019.

[193] 王露，易平涛，李伟伟，等．广义梯形模糊数密度加权算子及其应用 [J]. 运筹与管理，2019，28 (12)：106-111.

[194] 王权．美国商业银行信贷风险管理研究 [D]. 吉林大学博士学位论文，2014.

[195] 王卫星，张佳佳．管理者背景特征对中小企业信用风险的影响研究 [J]. 南京审计学院学报，2018，15 (3)：33-44.

[196] 王霞．基于改进 TOPSIS 的三参数区间灰数多属性决策方法 [J]. 系统科学与数学，2021，41 (5)：1328-1338.

[197] 王晓慧，李云飞．基于支持向量机的个人信用风险评价研究

[J]. 西华师范大学学报（自然科学版），2017，38（2）：195-198.

[198] 王鑫，王莹，陈进东. 我国中小微企业信用评价研究现状与发展趋势 [J]. 征信，2021，39（5）：62-70.

[199] 王言文，邱启荣，王宝坤. 基于 Lasso 和 SVR 的向量夹角余弦变权重组合预测模型 [J]. 统计与决策，2020，36（18）：22-26.

[200] 王治朋，王静飞，李菊倩，等. 基于区间数的空气质量模糊综合评价模型 [J]. 数学的实践与认识，2021，51（3）：230-235.

[201] 韦保磊，谢乃明. 广义灰色关联分析模型的统一表述及性质 [J]. 系统工程理论与实践，2019，39（1）：226-235.

[202] 吴楚男. 开放中的中国债券市场发展新趋势 [J]. 中国外资，2020（22）：37-38.

[203] 吴飞美，李美娟，徐林明，等. 基于理想解和灰关联度的动态评价方法及其应用研究 [J]. 中国管理科学，2019，27（12）：136-142.

[204] 吴澎，周礼刚，陈华友. 基于语言共识模型的电子商务信用风险评价方法 [J]. 控制与决策，2021，36（6）：1465-1471.

[205] 吴世农，卢贤义. 我国上市公司财务困境的预测模型研究 [J]. 经济研究，2001（6）：46-55.

[206] 夏晗. 基于支持向量机回归集成的小微企业信用风险度评估模型研究 [J]. 征信，2019，37（4）：21-27.

[207] 夏永泉，孙静茹，WUXIN-WEN，等. 基于改进 K 均值聚类算法的星点聚类研究 [J]. 图学学报，2019，40（2）：358-363.

[208] 肖斌卿，杨旸，李心丹，等. 基于模糊神经网络的小微企业信用评级研究 [J]. 管理科学学报，2016a，19（11）：114-126.

[209] 肖斌卿，杨旸，余哲，等. 小微企业信用评级模型及比较研究 [J]. 系统工程学报，2016b，31（6）：798-807+830.

[210] 肖文兵，费奇，万虎. 基于支持向量机的信用评估模型及风险评价 [J]. 华中科技大学学报（自然科学版），2007（5）：23-26.

[211] 熊伟，范闾翮，胡玉蓉. 企业质量信用评价指标体系的构建——

基于浙江省 456 家制造业的实证分析［J］. 华东经济管理，2013，27（11）：1-5.

［212］熊志斌 . 信用评估中的特征选择方法研究［J］. 数量经济技术经济研究，2016，33（1）：142-155.

［213］徐菲，任爽 . 基于分解—集成的铁路货运需求预测研究［J］. 运筹与管理，2021，30（8）：133-138.

［214］徐广军，倪晓华，肖运香 . 标普、穆迪、邓白氏企业信用评价指标体系比较研究［J］. 浙江金融，2007（3）：51-52.

［215］许艳秋，潘美芹 . 层次分析法和支持向量机在个人信用评估中的应用［J］. 中国管理科学，2016，24（S1）：106-112.

［216］羊斌 . 基于 K-均值动态聚类分析的企业信用等级划分法［J］. 计算机光盘软件与应用，2013（20）：69-70.

［217］杨蕴涵 . 多种分类模型在个人信用评估中的应用［D］. 重庆大学硕士学位论文，2015.

［218］姚春晓，秦秋莉 . 基于改进诱导有序加权调和平均（IOWHA）算子的传染病组合预测模型研究［J］. 中华医学图书情报杂志，2018，27（7）：19-27.

［219］姚静 . 中小企业信用评级指标体系研究［D］. 中国社会科学院研究生院博士学位论文，2016.

［220］殷春武，石宇翔 . 广义偏差最小的组合预测加权系数确定［J］. 统计与决策，2011（1）：168-169.

［221］殷春武，王秋萍，苏哲斌 . AHP 判断矩阵排序的一种新方法［J］. 西安理工大学学报，2006，22（4）：431-434.

［222］殷春武 . 无人飞行器航迹方案的 VIKOR 择优评价［J］. 控制与决策，2020，35（12）：2950-2958.

［223］雍华 . 神经网络在金融信用风险评估中应用综述［J］. 合作经济与科技，2021（2）：58-59.

［224］于海洋 . 在线预测的极限学习机方法研究［D］. 吉林大学博士学

位论文，2019.

［225］袁宏俊，胡凌云．基于连续区间有序几何加权平均 Power 算子的区间型组合预测模型［J］．数理统计与管理，2019，38（2）：270-280.

［226］岳川，彭小红．带有区间信息的软件质量评价模型［J］．计算机科学，2019，46（10）：209-214.

［227］翟玲玲，吴育辉．信用评级的融资与监督效应——来自企业并购的证据［J］．南开管理评论，2021，24（1）：27-38.

［228］翟珊珊，段婕．组合权重确定方法的仿真对比分析［J］．统计与决策，2015（24）：83-85.

［229］张大斌，周志刚，刘雯，等．上市公司信用风险测度的不确定性 DE-KMV 模型［J］．系统工程学报，2015，30（2）：165-173.

［230］张和平，解晓龙．基于灰色关联度的组合优化模型研究［J］．统计与决策，2019，35（9）：19-23.

［231］张建萍，刘希玉．基于聚类分析的 K-means 算法研究及应用［J］．计算机应用研究，2007，24（5）：166-168.

［232］张丽．模糊信息下战略性新兴产业评价模型构建及应用［J］．统计与决策，2015（10）：81-83.

［233］张瑞，黄广斌，靖稳峰，等．关于 ELMs 技术的提出、发展、理论评价及其在数据挖掘中的应用研究［Z］．西安：西北大学，2010.

［234］张雪丽，杨中原．基于组合赋权的银行信用评价模型研究［J］．商业研究，2010（9）：36-38.

［235］张振刚，盛勇，欧晨．基于 FAHP-CEEMDAN 的指标权重确定方法［J］．统计与决策，2019，35（2）：79-83.

［236］赵丽丽，王雪青，陈超．区间直觉模糊信息下的监理工程师信用评价［J］．运筹与管理，2018，27（1）：125-131.

［237］赵志冲．基于违约损失率的小企业信用风险评级研究［D］．大连理工大学博士学位论文，2017.

［238］甄彤，范艳峰．基于支持向量机的企业信用风险评估研究［J］．

微电子学与计算机，2006，23（5）：136-139.

［239］中国式刚性兑付时代终结：ST 超日违约无法付息［EB/OL］. 凤凰财经，［2014-03-05］. https：//www. yicai. com/news/3539624. html.

［240］周蓓蓓. 普惠金融发展水平的测度与比较研究［J］. 区域金融研究，2019（10）：67-71.

［241］周颖. 基于信息增益的小型工业企业信用评级模型［J］. 运筹与管理，2021，30（1）：209-216.

［242］邹伟东，夏元清. 基于压缩动量项的增量型 ELM 虚拟机能耗预测［J］. 自动化学报，2019，45（7）：1290-1297.